힐링기도

힐링기도

지은이 · 강은혜
초판 발행 · 2018. 01. 29
등록번호 · 제1988-000080호
등록된 곳 · 서울특별시 용산구 서빙고로 65길 38
발행처 · 사단법인 두란노서원
영업부 · 2078-3333 FAX 080-749-3705
출판부 · 2078-3331

책 값은 뒤표지에 있습니다.
ISBN 978-89-531-3069-2   03230

독자의 의견을 기다립니다.
tpress@duranno.com   http://www.Duranno.com

두란노서원은 바울 사도가 3차 전도여행 때 에베소에서 성령 받은 제자들을 따로 세워 하나님의 말씀으로 양육하던 장소입니다. 사도행전 19장 8-20절의 정신에 따라 첫째 목회자를 돕는 사역과 평신도를 훈련시키는 사역, 둘째 세계선교(TIM)와 문서선교(단행본 · 잡지) 사역, 셋째 예수문화 및 경배와 찬양 사역, 그리고 가정 · 상담 사역 등을 감당하고 있습니다. 1980년 12월 22일에 창립된 두란노서원은 주님 오실 때까지 이 사역들을 계속할 것입니다.

고통과   자유와
상처에서   평안의 삶으로

힐링기도

Healing

Prayer

강은혜 지음

두란노

유기성 목사
선한목자교회 담임

강은혜 목사님은 치과의사인 남편과 함께 주 안에서 참으로 신실하게 믿음생활을 하시는 분입니다. 모든 것이 잘 갖추어진 형편인데도 주님을 향한 영적 갈망이 유난히 깊고 뜨거웠기에, 주님은 목사님을 기도 사역자로 귀하게 사용하고 계십니다.

기도에 대한 목사님의 책들을 읽어 보면 삶의 체험에서 나온 글들이어서인지 이해하기 쉽고 신앙생활에 실질적인 도움이 됩니다. 그리고 성경 말씀에 근거한 것이기에 큰 영적 유익을 줍니다.

이 책 역시 마찬가지입니다. 특히 치유에 대해 다루고 있는 이 책은 영적, 정신적, 정서적으로 고통당하는 많은 그리스도인과 진리를 찾는 비기독교인 구도자에게 큰 도움이 되리라 생각합니다.

목사님은 이 책에서 우리가 왜 병이 드는지, 왜 그 병을 고치기 힘든지에 대하여 영적인 뿌리까지 깊고 자세히 파고들어 설득력 있게 설명하고 있습니다. 나아가 마음과 육신의 질병을 어떻게 치유할 수 있는지 마치 개인 상담하듯이 안내하고 있습니다. 그래서 건강한 정신, 자유로운 감정, 강인한 의지로 속사람이 강건해져 풍성하고 행복한 삶을 살도록 도와줍니다.

이 책의 특징은 기도의 책이면서 동시에 십자가의 주 예수님 안에 거하도록 인도하는 영적 안내서라는 것입니다.

많은 그리스도인이 낙심하거나 시험에 들어 영적으로 메말라 있습니다. 그것은 개개인이 처한 환경이 어려워서만은 아닙니다. 함께하는 사람이 힘들게 해서만도 아닙니다. 주 예수님 안에 거하지 않기 때문입니다.

사람이 내 안에 거하지 아니하면 가지처럼 밖에 버려져 마르나니 사람들이 그것을 모아다가 불에 던져 사르느니라 / 요 15:6

이 책을 읽으면서 우리는 어떻게 주님 안에 거할 수 있는지, 어떻게 더 깊은 은혜 안에 들어갈 수 있는지 실질적인 도움을 받게 될 것입니다.

이철 목사

한국피스메이커 이사장, 에스라성경대학원대학교 총장

저는 그동안 피스메이커 사역에 힘쓰면서 세 가지 영역의 화평을 강조해 왔습니다. 그것은 바로 하나님과의 화평, 다른 사람과의 화평 그리고 나 자신과의 화평입니다. 그리고 하나님과의 화평을 이루기 위해서는 전도(Evangelism)를, 다른 사람과의 화평을 위해서는 화평케 하는 사역(Peacemaker Ministry)을 하고 있습니다. 하지만 자기 내면의 문제를 해결하지 못해 주님이 주시는 참된 평강을 온전히 누리지 못하는 사람들을 보며 안타까울 때가 많았습니다. 그러다가 강은혜 목사님의 《힐링기도》를 읽으면서 그 부분에 대한 해답을 얻게 되어 너무 감사하고 기뻤습니다.

저는 오랫동안 강 목사님을 보아왔습니다. 그래서 저자가 이 책에서 고백하듯이 결혼 전 불신 가정에서의 성장배경, 그러다가 하나님의 은혜로 믿음의 남편을 만나 신앙의 세계로 들어온 과정, 그 후 겪게 된 모든 영적 싸움과 시련 등을 옆에서 고스란히 보고 느낄 수 있었습니다.

이 책은 저자의 살아 있는 영적 체험, 다른 사람의 경험, 이 분야 전문가들의 연구를 참고하여 내용이 풍성합니다. 무엇보다 저는 이 책이 성경 말씀을 기초한 깊은 연구를 통해 만들어졌다는 것을 누구보다 잘 압니다.

오늘날 내적 치유의 영역은 불건전한 신비주의의 온상이 되는 경우가 많아서 많은 사람이 다루기를 원치 않는 소외된 영역입니다. 그럼에도 저자가 이 주제를 사명감 있게 다룰 뿐 아니라 명확하고 실제적이며 구체적인 치유 방법을 제시한 것에 감사합니다. 모든 사역자와 성도들, 특히 내적인 문제로 고민하는 모든 분들이 읽어 보기를 바라며 이 책을 추천합니다.

Contents

힐링의 중심은
십자가다

몇 년 전 소위 잘나가는 개그맨이자 MC인 한 연예인이 그가 맡고 있던 모든 TV 프로그램의 하차를 발표했다. 하차 이유는 본인이 불안장애를 겪고 있기 때문이라는 것이었다. 그는 한 TV 프로의 게스트로 나와 이렇게 솔직한 심경을 털어놓았다.

"미래에 대해 지나칠 정도로 불안하다. 운 좋게 모든 것이 잘되다 보니까 내 밑천이 드러날까 봐 두렵고 내가 내 능력 밖의 복을 가지려고 하다가 잘못될 것 같다는 생각이 든다."

"불안장애 약을 복용하고 있는데, 내 앞에 MC(김제동 씨)가 착한 얼굴로 앉아 있는데도 이유 없이 나를 찌를 것 같은 불안감에 시달린다"고 말해 웃음을 자아냈지만, 본인에게는 그냥 웃어넘길 수만은 없는 심각한 상황임이 분명해 보였다.

연예인으로 성공가도를 달리던 그가 고통을 호소하는 모습을 보면서 얼굴은 웃고 있지만 미래에 대한 불안과 걱정과 두려움을 내면 깊숙이 숨기고 살아가는 현대인들의 자화상을 보는 것 같았다.

행복을 위한 조건을 어느 정도는 갖춘 것 같은데 늘 마음 한 구석에 공허한 느낌이 남아있을 때가 있다. 왠지 자신은 항상 부족하고 때로는 사랑받을 만한 자격이 없다는 생각과 함께 불안하고 외로운 느낌마저 든다. 이런 감정이 지속되면 매우 고통스러울 수 있다.

수많은 사람들을 소리 없는 절망으로 몰아가는 마음의 병, 이런 감정적이고 정신적인 어려움을 가지고 있는 사람들이 너무나 많다. 이것은 헌신된 그리스도인들에게도 종종 보이는 증상이다. 원인이 확실치 않은 신체적 만성질환, 우울증, 공황장애, 불면증과 같은 정신질환에서 알코올, 도박, 게임, 성 중독과 같은 중독 증상 그리고 분노조절 장애와 폭력성에 이르기까지 증상은 다양하다.

이렇게 심각하지는 않더라도 자주 영적으로 눌리고 부정적인 생각에 사로잡히며 쉽게 평안이 깨어지는 성도들은 말씀을 읽고 기도와 예배를 드려도 좀처럼 문제가 해결되지 않으니 더 좌절에 빠지게 된다.

이 책은 지난 2년간 온누리교회 기도학교에서 영적, 정신적, 정서적 어려움을 가지고 찾아온 사람들을 대상으로 강의한 내용이다. 본 교회뿐만 아니라 다른 교회 교인들도 그런 어려움을 극복하는

데 도움을 얻기 위해 기도학교를 찾았다.

그리고 오랫동안 신앙생활을 하고 기도를 해도 인격에 변화가 없고 내적 평안을 누리지 못하는 문제를 어떻게 풀어가야 하나 고민하던 중 '치유'가 관건이라는 사실을 하나님께서 알려주심으로 시작된 강의다.

에덴동산에서 범죄한 후 하나님과의 교제가 끊어진 인간의 삶에는 갖가지 문제와 병리적인 현상이 드러나게 되는데 그 중 하나가 상처의 문제다. 모든 사람은 인생에서 크고 작은 상처를 입고 살아간다. 상처의 대부분은 가족관계에서 비롯된다. 자신이 인지하지 못하는 태아와 젖먹이 시절의 거절감에서 시작되는 이런 상처는 부모나 양육자의 양육과정을 통해 구체화되기도 한다.

가족관계나 양육과정에서 생긴 직접적인 상처는 아닐지라도 부모에게 물려받은 유전적인 기질과 사고방식이나 생활습관의 대물림으로 내면의 문제가 드러나는 경우도 있다. 또 성인이 되어 삶에서 겪는 거절과 좌절의 경험들도 여기에 속한다.

기독교적인 힐링은 성령의 지혜를 통해서 주시는 자가진단과 상담을 통해서 알아낸 문제의 근원을 가지고 마음 안에 있던 억압된 감정을 기도로 토설하고 잘못된 믿음을 찾아낸 후 가해자를 용서하는 단계까지 나아가는 것이다. 상황에 따라서는 하나님께 나아가고 바라보는 것을 방해하는 내면의 어두움을 허무는 축사도 필요하다. 이러한 과정을 통해 영적 파쇄가 일어나면 우리는 내적 자유와 평안을 누리게 되고 주님과 친밀감을 가지고 동행하는 일이 매우 즐겁고 쉬워진다.

기독교적인 힐링의 중심은 십자가다. "십자가에서 인간의 죄와 질병 그리고 상처로 말미암은 모든 재앙이 예수님께 씌워졌고 죄 없는 예수님의 죽음으로 하나님의 부요와 치유, 축복과 새 생명이 우리에게 돌아가도록 교환되었다"는 그 진리, 그 복음이 교리의 차원이 아닌 우리의 생각과 정서의 차원까지 뚫고 들어가 믿음이 될 때 우리의 모든 상처와 삶의 고통이 치유되는 처방전이 된다.

우리가 구원을 받았다는 것은 천국으로 가는 영생을 얻는 것뿐만 아니라 우리의 가치관이 하나님 나라의 가치관으로 바뀌고, 과거 삶에서 겪었던 상처가 치유되어 온전한 자유함을 얻기까지 그리고 자아중심적 의지가 주님의 뜻을 이루려는 새로운 의지로 바뀌는 전인적인 구원을 말한다. 건강한 정신, 자유로운 감정, 강인한 의지로 속사람이 강건해질 때 우리는 더욱 풍성하고 행복한 삶을 살게 될 것이다. 또한 하나님의 뜻을 이루며 살아갈 수 있는 견고한 믿음과 성령의 기름 부으심도 얻게 될 것이다.

이렇게 하나님의 치유와 회복을 맛본 자들은 이 악하고 암울한 세대 가운데 하나님의 넘치는 사랑을 가지고 많은 영혼들을 주께로 인도하는 자가 될 것이다.

오늘 내면의 고통, 상처의 아픔에서 벗어나기를 원하는 자들에게 하나님은 말씀하신다.

누구든지 주의 이름을 부르는 자는 구원을 받으리라 ／ 롬 10:13

2018년 1월

강은혜 목사

우리는 매일 하나님의 뜻대로 말하는 법,
믿음의 언어를 사용하는 훈련을 해야 한다.

나의 생각과 감정이 두려움과 근심으로 침식될 때
믿음의 말씀을 선포함으로 모든 것을 역전시킬 수 있다.

◇◇◇◇◇

Chapter 1

생각과 말의 치유

-

축복의 문을 여는 생각과
행복을 부르는 말을 하라

‖‖‖‖‖‖‖‖‖‖‖ **생각의 힘**

1991년 일본 북부 아오모리 지방에 큰 태풍이 불었다. 아오모리 지방은 원래 사과 산지로 유명한데 태풍으로 우수수 떨어지는 사과를 바라보는 농부들은 억장이 무너졌다. 그런데 자세히 보니 엄청난 광풍에도 떨어지지 않은 사과들이 눈에 띄었다. 과수원 농부들은 그 생명력 강한 사과들을 정성껏 가꾸어 마트와 백화점에 납품했는데 뜻밖에도 놀라운 일이 일어났다.

'풍속 50km에도 떨어지지 않는 사과'로 유명세를 떨치게 된 것
이다. 게다가 마침 입시철과 맞물려 '합격 사과'로 소문이 나면서
엄청난 가격에도 불구하고 날개 돋친 듯 팔렸다고 한다.

아무리 어렵고 힘든 일을 만나도 그것을 어떻게 해석하고 생각
하느냐에 따라 우리 인생은 달라진다. 생각은 말이나 태도 그리고
행동으로 표출되기 마련인데, 누구나 한 번쯤은 자신의 마음속에 깊
이 숨겨둔 생각이 엉겁결에 말이나 행동으로 튀어나와 적잖이 당황
한 적이 있을 것이다. 이렇듯 매순간 무슨 생각을 하고 어떤 생각에
사로잡혀 있는가가 우리 인생을 결정한다고 해도 과언이 아니다.

|||||||||||||| 생각에는 근원이 있다

> 모든 지킬 만한 것 중에 더욱 네 마음을 지키라 생명의 근원이
> 이에서 남이니라 / 잠 4:23

생각에는 근원이 있다. 그 근원 중 하나는 천상인 빛의 생각들이
고 다른 하나는 지옥인 어두움의 생각들이다. 그리고 당연히 나 자
신의 생각도 있다. 빛의 생각을 받아들이면 마음이 평화롭고 만족

과 감사, 기쁨이 넘치게 된다. 또한 빛의 생각들은 긍정적인 태도를 만들어 내고 건설적인 에너지를 공급해 주며, 몸과 마음까지 부드럽고 행복하게 해준다. 그런 의미에서 생각이란 영적인 실체가 들어오는 통로와도 같다.

> 내가 그들에게 한 마음을 주고 그 속에 새 영을 주며 그 몸에서
> 돌 같은 마음을 제거하고 살처럼 부드러운 마음을 주어
> / 겔 11:19

반면 어두움의 생각을 받아들이면 마음에 두려움과 분노, 염려와 근심, 질투와 시기, 미움과 원망하는 감정이 서서히 생기는데 이러한 감정들은 몸 안에서 파괴의 에너지를 발산하며 몸과 영혼을 병들게 만든다. 이렇듯 생각은 우리의 영혼을 조종하는 힘이요 능력이 되므로, 평소의 생각을 점검하는 것은 치유를 위해 매우 중요하다.

우리의 생각 속에는 항상 사탄이 안심하고 착륙하는 지점, 즉 활주로와 같은 곳이 있다고 한다. 어두움의 생각을 받아들이는 순간 사탄이 생각의 나래를 통해 내 마음의 활주로에 착륙하게 되는데 이때 내 생각의 영역을 장악한다. 그렇게 되면 하나님의 약속의 말씀은 온데간데없고 다시 예전에 늘 하던 대로 생각하고 말하며 행

동한다.

영적 전쟁은 다름 아닌 바로 우리 마음속, 생각 안에서 시작된다. 많은 사람들이 영적 공격을 당한다는 생각이 들 때 사탄을 비난하거나 자신에게 중보기도자가 없음을 한탄하고 심지어 축사의 필요성을 느끼기도 한다. 그러나 사실 그들에게 필요한 것은 사탄이 주는 어두움의 생각에 대한 저항과 거부다. 그런데 이것은 어느 누구도 심지어 하나님도 대신해 줄 수 없다. 왜냐하면 우리 스스로가 해야 하기 때문이다.

사실 행복은 먼 곳에 있지 않다. 우리 마음이 깨끗하고 밝아서 긍정적인 생각과 기쁘고 평안한 마음이 들 때, 또한 이런 마음과 생각이 잘 유지될 때 우리는 내적인 행복을 유지할 수 있다.

||||||||||||||| **생각을 바꾸고 감정을 새롭게 하는 말의 능력**

> 하나님 아는 것을 대적하여 높아진 것을 다 무너뜨리고 모든 생
> 각을 사로잡아 그리스도에게 복종하게 하니 ╱ 고후 10:5

살아가면서 어떤 기억이나 말이 고통스럽고 안 좋은 생각을 불

러일으킬 때 우리는 그것을 붙잡아 새로운 생각으로 대치해야 한다. 그럴 때 잘못된 생각은 저절로 떠나간다. 이때 우리가 알아야 할 가장 중요한 도구는 말(언어)이다. 말에는 능력과 권세가 있어 우리의 생각을 바꾸고 감정을 새롭게 할 수 있는 강력한 무기가 된다. 특별히 하나님의 말씀을 우리 입으로 선포할 때 생각이 제어될 수 있다.

> 칼로 찌름 같이 함부로 말하는 자가 있거니와 지혜로운 자의 혀
> 는 양약과 같으니라 / 잠 12:18

내 입에서 나온 말은 다른 사람의 귀에 들어가 듣는 사람에게 영향을 미치지만 사실 그 말은 가장 먼저 내 귀에 들어간다. 어떤 유형의 말을 들으며 사느냐에 따라 그 말이 나에게 기쁨과 평안을 주기도 하고 반대로 슬픔과 고통을 주기도 한다.

긍정과 감사의 말이 가득한 사람들 속에서 살아가는 삶은 복되다. 그러나 우리는 종종 어리석은 말이나 하나님이 기뻐하시지 않는 말을 듣게 되거나 나 자신이 그런 유의 말을 무심코 내뱉기도 한다. 그런데 그 말은 다른 사람뿐만 아니라 때로는 자신의 영을 억압한다.

예를 들어 자신에게 "나는 오래 살지 못할 거야!"하고, 요리를 못하는 아내에게 "또 이 음식! 당신은 언제쯤 제대로 요리를 할 수 있나?"하며, 비만한 아이에게 "너는 도대체 살 뺄 생각을 하고는

있니? 넌 뚱뚱한 채 평생 살 거야?"하고, 공부를 못하는 아이에게,
"너는 어쩜 그렇게 게으르니? 도대체 제대로 하는 게 뭐니?"한다고
하자. 어떠한가? 귀에 익숙한 말들 아닌가?

　가정에서 흔히 들을 수 있는 이런 유의 말은 듣는 이에게 영향
을 미친다. 어떤 말은 자녀를 평생 따라다닐 어두운 운명을 불러올
수도 있다. 이런 저주에 가까운 부정적인 말에 자주 노출된 아이는
성장해서도 작은 일에 늘 당황하며 자신감이 없고 패배의식에 사로
잡혀 살아가게 된다.

　그러므로 상처가 많은 사람들은 자신의 삶에 남아있는 아픈 기
억들을 속히 떠나보내야 하며, 고난 가운데 있는 사람들은 부정적이
고 패배적인 생각과 수치심, 죄책감과 같은 요동치는 감정에 굴복하
지 말고 다음과 같이 믿음의 언어로 자신을 향해 선포해야 한다.

　　"나는 그리스도 안에서 하나님의 의다!"
　　"하나님은 나를 사랑하셔! 하나님은 내 인생에 좋은 계획을 갖고 계
　　신다!"
　　"나는 결코 뒤돌아보지 않을 것이다!"
　　"내일은 오늘보다 더 건강해질 것이다!"
　　"완전하지는 않았지만 나는 최선을 다했어!"
　　"지금은 온전히 이해하지 못하지만 나는 합력하여 선을 이루실 하나
　　님을 신뢰해!"

사람은 자기 말의 열매를 먹고 산다

> 죽고 사는 것이 혀의 힘에 달렸나니 혀를 쓰기 좋아하는 자는
> 혀의 열매를 먹으리라 / 잠 18:21

어떤 사람이 부정적인 말과 태도를 자신의 삶 속에 계속 심는다면 그는 인생에서 부정적인 결과를 거두게 되고, 만약 생명이 충만한 생각과 태도를 가지고 긍정적인 말을 지속적으로 심는다면 인생에서 아름답고 좋은 열매를 얻게 될 것이다.

세상은 나쁜 소식들로 가득하다. 뉴스를 보면 살인, 절도, 대형 사고, 자살, 불륜, 전쟁, 테러로 인한 끔찍한 소식들이 매일같이 올라온다. 이제 사람들은 그런 소식들을 접해도 아무렇지 않게 반응한다. 마치 악에 대해서 불감증에 걸린 것 같은 느낌마저 든다.

건강하기를 원한다면 양질의 음식을 가려서 섭취해야 하는 것처럼 우리의 영혼이 밝고 건강하기를 원한다면 내면에 평안과 기쁨과 믿음을 키워줄 말을 선택해서 들어야 한다. 그리고 그런 말을 입에 담아야 한다.

인생에서 최악이라고 생각되는 상황에서도 하나님은 우리에게 소망과 기회를 주시고 격려하시는 분임을 잊어서는 안 된다. 낙심과 절망과 조소와 같은 생각과 감정이 들게 만드는 것이 사탄의 주특기이기 때문에 우리는 하나님이 우리에게 말씀하시는 대로, 즉

믿음의 언어로 말하는 법을 부단히 훈련해야 한다.

　기도학교에 온 임 집사는 내 강의를 들으면서 과거에 자녀에게 폭언을 퍼부은 걸 회개했다. 비교적 평탄하게 살아왔지만 최근 남편의 사업 실패로 마지막 남은 아파트까지 처분하고 힘든 나날을 보내고 있다. 임 집사는 이 상황을 참아내는 게 쉽지 않다고 했다. 머리는 하나님 말씀대로 해야 한다고 하지만 마음은 남편과 싸우라고 아우성을 쳤다. 남편을 위로와 격려로 세워야 하는데 축복의 말이 나오지 않아 괴롭다고 했다. 임 집사는 아직 연약하지만 말씀에 순종하기로 결단했다.

　또한 과거 임 집사의 무분별한 폭언으로 말할 수 없는 고통을 당한 둘째 아이는 사춘기가 되자 상태가 심각해져서 공부는 뒷전인 채 잠으로 세월을 보냈다. 임 집사는 하나님께 모든 걸 맡긴 후 기도로 아들을 응원했다. 잔소리를 그치고 매일 축복의 말을 해주었더니 몇 개월 후 아이의 얼굴이 활짝 펴 아들을 보는 사람마다 꽃미남이 되었다고 칭찬을 하는 게 아닌가?

　게다가 도저히 대학 갈 성적이 안 되어 대학 진학은 꿈도 못 꾸고 있었는데, 담임선생님의 배려로 수시 원서를 내고 원하던 과에 합격했다. 성적도 안 좋고 면접도 잘 못봤다던데 어떻게 붙었는지 꿈만 같다고 임 집사는 말했다. 아마 하나님이 마음의 중심을 보신 게 아닌가 싶다. 아들을 온전히 맡기고 축복하니 큰 선물을 주신 것이다.

죄 속에서 태어나 고아처럼 유리방황하던 우리를 친히 찾아오셔서 당신의 자녀 삼으시고 십자가 어린양의 보혈로 덮으셔서 우리 죄를 흰 눈같이 깨끗게 하시는 하나님 아버지께서 우리를 향해 "내 사랑하는 아들(딸)이요 내 기뻐하시는 자"라고 말씀하신다. 그 사랑과 축복의 메시지를 매일의 삶 속에서 들으며 우리 자신과 다른 사람들을 축복하는 것이야말로 진정으로 말의 열매를 맺는 삶이다.

> 하늘로부터 소리가 있어 말씀하시되 이는 내 사랑하는 아들이요 내 기뻐하는 자라 하시니라 / 마 3:17

⁝⁝⁝⁝⁝⁝⁝⁝ 말은 축복과 저주의 문을 모두 연다

> 너희를 박해하는 자를 축복하라 축복하고 저주하지 말라 / 롬 12:14

우리는 자신과 다른 사람, 상황과 미래에 대해서 악하게 말함으로써 저주할 수도 있고 반대로 좋게 말해서 축복할 수도 있다.

창세기 31장에는 야곱이 삼촌 라반을 피해 야반도주하는 이야기가 나온다. 라반은 그의 친지들과 함께 야곱을 추적하였고 길르앗 산에서 그를 따라잡는다. 그리고 라반은 야곱에게 드라빔을 훔쳤다는 혐의를 씌우며 그의 앞길을 가로막는다.

드라빔이란 당시 메소포타미아 지방에 널리 유행했던 가정수호신으로 점칠 때 사용하거나 악한 힘으로부터 집을 보호하는 물건이었다. 그들은 드라빔이 집안에 풍요를 준다고 믿었으며, 드라빔을 물려받아 소지한 자에게 부모의 재산을 물려주는 풍속이 있었다.

라반이 드라빔을 찾으러 온 사실과 라헬이 이것을 훔쳐서 나온 정황으로 추정해 볼 때 야곱의 믿음, 여호와 하나님 중심의 신앙과 달리 라헬은 우상숭배를 끊지 못했던 것으로 보인다. 야곱은 사랑하는 아내 라헬이 아버지의 드라빔을 몰래 가져왔다는 사실을 모르고 라반의 혐의에 분개하며 자신의 무고함을 주장하기 위해서 다음과 같이 지나친 맹세를 했다.

> 외삼촌의 신을 누구에게서 찾든지 그는 살지 못할 것이요 우리 형제들 앞에서 무엇이든지 외삼촌의 것이 발견되거든 외삼촌에게로 가져가소서 하니 야곱은 라헬이 그것을 도둑질한 줄을 알지 못함이었더라 / 창 31:32

야곱은 그 말이 자신이 가장 사랑하는 여인인 라헬에게 향하고 있음을 미처 알지 못했지만 야곱은 사실상 저주를 하게 된 셈이다.

안타깝게도 얼마 지나지 않아 라헬이 베냐민을 출산하다가 산고의 고통으로 세상을 떠난다.

물론 부지중에 한 야곱의 말이 저주가 되어 라헬의 죽음에까지 이르게 했다고 생각하지 않을 수 있다. 하지만 야곱은 아브라함의 축복을 물려받은 믿음의 대를 잇는 사람으로 그의 말에는 능력이 있었다.

더욱이 라헬은 아버지 라반이 없어진 드라빔을 찾으러 자신의 장막에 왔을 때 자신이 앉은 낙타 안장 아래에 두고 생리를 이유로 일어나지 않아서 들키지 않을 수 있었다. 그러나 출산과 관련된 생리를 핑계로 한 거짓말이 과연 라헬이 출산과 함께 죽음을 맞은 것과 연관이 없었을까?

라헬은 우상숭배와 도둑질이라는 하나님이 금하시는 것을 범함으로써 야곱의 저주에 대한 하나님의 보호하심을 잃어버린 듯하다. 이렇게 자신이 무슨 말을 하는지 모르고 내뱉은 말에 묶여서 혹은 자신의 행동이 하나님 앞에서 어떤 의미인지 모르고 하다가 불행한 일을 당할 수 있기 때문에 부정적인 말이나 맹세는 하지 말아야 한다.

또 옛 사람에게 말한 바 헛 맹세를 하지 말고… 오직 너희 말은
옳다 옳다, 아니라 아니라 하라 이에서 지나는 것은 악으로부터
나느니라 / 마 5:33, 37

명희 씨는 친정어머니에게 집안일을 배우지 못한 채 성격이 급한 사업가인 철민 씨와 결혼했다. 철민 씨는 한동안은 가사에 서툴고 요리 솜씨가 없는 명희 씨를 이해하며 참았지만 얼마 후엔 조급함을 이기지 못하고 자신의 속상한 마음을 드러냈다.

"또 이 요리야? 당신은 언제쯤 요리를 잘할 수 있을까?"

남편은 이후에도 다양한 방식으로 이런 유의 말을 반복했는데 명희 씨는 음식을 만들 때마다 손이 떨렸다. 그리고 늘 식사준비를 할 시간이 되면 도망치고 싶다는 생각에 시달렸다. 남편의 말 때문에 그녀는 점점 요리를 기피하게 되었고, 다른 분야에서 뛰어난 재능이 있음에도 불구하고 점점 자신이 무능하다는 패배의식에 시달렸다.

때로는 심각성을 모르고 내뱉은 부모의 말이 자녀의 영혼을 묶기도 한다. 부모는 종종 자신을 향한 애정과 충성도를 이용해서 자녀를 통제하거나 그들의 진로에 간섭하는데, 특별히 자녀가 배우자를 선택할 때 더 분명해진다. 자녀가 부모 마음에 들지 않는 배우자를 선택했을 때 부모에게서 전혀 다른 모습, 즉 노골적인 적대감이 드러나기도 한다.

혜미 씨는 결혼할 때 어머니의 심한 반대에 부딪혔다. 결혼 후 부부관계가 나쁜 것도 아닌데 그녀는 삶의 만족감이 없고 절망과 좌절을 느꼈다. 건강도 좋지 않았고 경제적으로도 힘들었다. 그리고 늘 눈에 보이지 않는 어떤 저항에 부딪히는 것 같았다. 그녀가 결혼을 강행할 때 화가 난 어머니는 악담을 퍼부었는데 그 말이 그림자처럼 그녀를 따라다녔다.

"너 정말 그 한심한 놈과 결혼할 거니? 걔는 돈도 못 벌 것이고, 너는 평생 고생할 거야!"

가정뿐만 아니라 교회에서도 이런 일은 일어날 수 있다. 김 집사는 탁월한 사업수완이 있어서 성공한 기업가가 되었다. 그런데 10년 전부터 제대로 되는 일이 없었다. 기도하며 그 이유를 생각해 보았다. 그는 10년 전에 출석하던 한 개척교회에서 일어난 사건 이후 일이 꼬이기 시작했음을 깨닫게 되었다.

당시 그는 개척교회 목사와 충돌이 잦았고, 우여곡절 끝에 교회를 옮기기로 결정했다. 그 결정을 담임목사에게 통보하자 그 목사는 두려움과 불안으로 반응했다. 김 집사 가족의 헌금이 그 개척교회의 중요한 수입이었기 때문이다. 그 교회 목사는 "우리 교회를 떠나면 당신은 앞으로 되는 일이 없을 것이오!"라고 악담을 퍼부었다. 그런데 그 목사의 말대로 그 시점부터 되는 일이 없었다. 김 집사가 자신도 모르게 그 목사의 말에 묶여 살았던 것이다.

그렇게 절망의 원인을 알았을 때 김 집사는 그 말의 저주에서 벗어날 수 있었다. 우선 목사를 용서하고 그들 사이에 잘못된 것을 바로잡은 후에 김 집사의 삶은 놀랍게 달라졌다.

저주의 말을 들었을지라도 우리가 그리스도의 보혈의 보호 아래 있다면 결코 우리를 해치지 못하지만, 그것을 자신도 모르게 받아들인 사람에게는 문제가 될 수 있다. 또한 하나님의 자녀에게 퍼부은 잘못된 저주는 오히려 저주한 사람에게 되돌아가기 때문에 우리가 하나님의 자녀나 종을 함부로 저주해서도 안 된다.

||||||||||||||||| 언어의 선택은 영적 수준의 바로메타

우리는 깨어있지 않으면 자신도 모르게 사탄의 대변인이 될 수 있다. 조급함에서 화나 분노로 이어지는 말의 배후에는 늘 악한 영의 역사가 있다. 이런 말은 독이 묻은 화살과 같아서 많은 사람에게 상처를 주며 관계를 허물어뜨린다.

> 이것으로 우리가 주 아버지를 찬송하고 또 이것으로 하나님의
> 형상대로 지음을 받은 사람을 저주하나니 한 입에서 찬송과 저
> 주가 나오는도다 ╱ 약 3:9-10

'낙타 무릎'으로 유명한 기도의 사람 사도 야고보는 말의 능력과 하나님을 믿는 우리의 언어생활에 대해 적나라하게 말하고 있다. 사람의 입은 작은 지체지만 가장 통제하기 어려우며 실로 측정

할 수 없는 어마어마한 영향력을 가졌다.

누군가 무심코 던진 작은 담배꽁초 때문에 산불이 일어나 막대한 피해를 입힌다. 이와 마찬가지로 사람의 말이 하나님의 통제 아래 있지 않으면 내뱉은 말은 매우 악하고 부패하여 우리 몸 전체를 오염시키고 나아가 사탄이 원하는 것을 우리 삶 가운데 이루게 할 수도 있다.

반대로 기수가 말에 재갈을 물려 제어하듯, 선장이 키를 조정해 배의 진행방향을 바꾸듯 우리도 말을 교정하고 훈련함으로 삶 전체를 아름답고 선하게 바꿀 수 있다.

연구에 의하면, 실제로 웃지 않고 약간 미소 짓는 표정만 지어도 뇌는 웃는 줄 알고 엔도르핀을 생성한다고 한다. 이와 같이 어떤 행동과 말은 우리의 육신을 새롭게 하며, 의지적 선포는 우리의 내면 세계까지 변화시킨다.

어떤 사람의 말을 들어보면 그의 영적 수준을 알 수 있다. 자주 쓰는 말과 표현으로 그 사람의 영적 단계를 유추할 수 있는 것이다. 성숙하고 영적인 신자는 자신의 기분이나 상황에 상관없이 하나님의 뜻을 행할 줄 알며, 하나님이 말씀하시는 대로 말할 줄 안다.

무릇 하나님의 영으로 인도함을 받는 사람은 곧 하나님의 아들이라 / 롬 8:14

하나님을 믿지만 미성숙하고 육적인 사람은 자기중심적으로 말하고 행동하며 자신이 원하는 것을 얻지 못하면 불행하다고 느낀다. 거듭나지 않은 사람은 하나님의 말씀을 따르기보다는 자신의 의지와 생각에 따라 행동함으로써 내면이 어두움으로 가득하게 된다.

이런 사람은 부정적인 말과 불평이 많고 뒷담화를 즐기며 쓸데없이 참견하기를 좋아한다. 분별없이 말하므로 실수도 잦아 가정과 공동체에 문제를 일으키기도 한다. 통제되지 않은 언행은 사탄이 그의 삶에 활동하도록 문을 열어 준다.

> 여호와여 내 입에 파수꾼을 세우시고 내 입술의 문을 지키소서
> ╱ 시 141:3

감사는 축복의 연습, 불평은 불행의 연습이다

> 아무 것도 염려하지 말고 다만 모든 일에 기도와 간구로, 너희 구할 것을 감사함으로 하나님께 아뢰라 그리하면 모든 지각에 뛰어난 하나님의 평강이 그리스도 예수 안에서 너희 마음과 생각을 지키시리라 ╱ 빌 4:6-7

우리는 매일 나의 생각과 감정에 따라 말하는 것이 아니라 하나님의 뜻대로 말하고 믿음의 언어를 사용하는 방법을 훈련해야 한다. 암담한 현실과 상황으로 나의 생각과 감정이 두려움과 근심으로 침식될 때 믿음의 말씀을 선포함으로 모든 것을 역전시킬 수 있다. 이때 가장 효과적인 것은 감사를 선포하는 것이다.

감사를 선포하는 것은 대적기도보다 더 효과적이다. 감사를 지속적으로 선포할 때 하나님의 빛이 임하고, 하나님의 임재 앞에서 어두움은 일곱 길로 물러가게 된다. 만약 고난과 시련 가운데 있다면 불평하지 말고 더 크게 하나님을 찬양하고 자주 감사하도록 의식적으로 훈련하라.

우리 가정이 진정 행복해지고 축복받기 위해서는 칭찬하고 격려하는 말을 연습해야 한다. "칭찬은 고래도 춤추게 한다!"는 말이 있듯이 '격려하다'(encourage)라는 단어에는 '전진하도록 권하다'는 의미가 내포되어 있다. 위기에 처한 사람에게 주는 한마디 격려로 그 사람의 인생이 바뀔 수도 있다. 이미 다 성장한 자녀일지라도 자랑스럽다고 말할 때 자녀들의 얼굴이 환해지며 자세마저 더 당당해지는 것을 볼 수 있다.

말은 우리 인생을 바꾼다. 아무리 은혜를 많이 받고 기도를 많이 해도 화내고 원망하고 거친 말이 난무하는 가정, 또 그런 사람에게

는 성령이 머물지 못한다. 왜냐하면 신랄하고 가혹한 말, 미움과 원
망의 말은 성령을 근심시키고 마귀에게 문을 열어 주기 때문이다.
불평은 나의 인생을 가두어 하나님이 뜻하신 목적과 목표를 향하여
전진하지 못하게 만들고 우리 인생을 불행하게 한다.

감사는 남겨진 것을 바라보는 데서 시작된다

> 나오미의 남편 엘리멜렉이 죽고 나오미와 그의 두 아들이 남았
> 으며 그들은 모압 여자 중에서 그들의 아내를 맞이하였는데 하
> 나의 이름은 오르바요 하나의 이름은 룻이더라 그들이 거기에
> 거주한 지 십 년쯤에 말론과 기룐 두 사람이 다 죽고 그 여인은
> 두 아들과 남편의 뒤에 남았더라 / 룻 1:3-5

성경 인물 중 가장 큰 고난을 받은 사람을 꼽으라면 누구나 욥
을 떠올릴 것이다. 나는 욥에 견줄 만한 또 한 명의 인물은 '나오미'
라 생각한다. 이스라엘에 기근이 들었을 때 비교적 풍요로웠던 모
압 지방으로 이민 간 나오미, 10년을 그곳에서 살았으나 그녀는 풍
요는 고사하고 남편과 두 아들을 모두 잃었다. 그런 그녀가 고향
인 유다 베들레헴으로 돌아왔을 때 자신의 비참함을 대변하듯 이름

을 '나오미'(기쁨)가 아닌 '마라'(괴로움)라고 불러 달라고 호소한다(룻 1:20~21).

유다 베들레헴은 '찬송의 떡집'이란 뜻이다. 비록 경제적으로는 힘들어도 하나님의 임재가 있고 영적인 은혜가 풍성한 땅이었다. 나오미의 가족은 더 좋은 삶의 터전을 찾아서 모압 땅으로 떠났지만 그곳은 하나님의 은혜와 먼 곳이었다. 롯이 삼촌 아브라함의 종들과 다툼을 피하기 위하여 새 삶의 터전으로 소돔 땅을 택한 것과 비슷한 경우다. 소돔은 번영과 문화가 있는 도시였지만 죄악으로 하나님의 심판을 받았다.

우리는 인생 가운데 가서는 안 될 곳, 모압을 선택함으로 많은 고통과 비극을 경험한다. 그리고 그곳에서 많은 것을 잃어버린 후에야 하나님의 뜻이 무엇인지 깨닫는다.

그런데 룻기 1장에 의미심장한 단어 "남았으며…"가 눈에 띈다.

나오미는 남편을 잃었지만 두 아들이 아직 남아있었다. 그리고 두 아들마저 잃어버렸을 때 남편보다 더 든든하고 두 아들보다 더 살가운 며느리 룻이 남아있었다. 나오미가 전해준 여호와 하나님에 대한 신앙심이 돈독했던 룻은 보아스와 결혼함으로써 예수님의 계보에 오르는 영광을 누리고, 나오미는 말년에 하나님이 함께하시는 가정의 행복을 누리게 된다.

희망과 감사는 남아있는 것을 바라보는 데서 시작된다. 불행한 인생이란 나에게서 사라진 것, 잃어버린 것만 애통해하고 후회하는 삶이다. 나에게 남아있는 것을 보지 못하는 것이다. 아무리 힘들고 기막힌 일을 당하더라도 그것을 어떻게 생각하고 해석하느냐에 따라 우리의 인생은 달라진다.

지금 고통스럽고 힘겨운 환경이나 상황에 놓여 있는가? 그렇다면 자신이 가지고 있는 좋은 점을 생각해 보고 감사거리를 찾으라. 당신이 갖지 못한 것들만 보지 말고 지금 갖고 있는 모든 것에 매일매일 감사하다고 말하라.

> 항상 기뻐하라 쉬지 말고 기도하라 범사에 감사하라 이것이 그리스도 예수 안에서 너희를 향하신 하나님의 뜻이니라
>
> / 살전 5:16-18

능력의 말씀을 선포하라

> 또 내게 이르시되 인자야 너는 생기를 향하여 대언하라 생기에게 대언하여 이르기를 주 여호와께서 이같이 말씀하시기를 생기야 사방에서부터 와서 이 죽음을 당한 자에게 불어서 살아나

게 하라 하셨다 하라 이에 내가 그 명령대로 대언하였더니 생기
가 그들에게 들어가매 그들이 곧 살아나서 일어나 서는데 극히
큰 군대더라 / 겔 37:9-10

에스겔 골짜기에 널브러져 있는 뼈들은 하나님의 은혜를 거부함
으로 절망과 죄, 상처의 고통을 안고 살아가는 사람들을 의미한다.
조금만 주위를 돌아보면 살아있으되 죽은 자처럼 사는 인생들이 얼
마나 많은지 모른다. 그런데 하나님은 이러한 사람들에게 관심이
있으시다. 그리고 하나님의 사람인 우리가 그분의 말씀을 대언함으
로 그들을 살려내기 원하신다.

전지전능하신 하나님은 왜 친히 역사하지 않으시고 사람을 통해
서 대언하도록 하실까? 그것은 하나님의 자녀인 우리가 하는 말에
엄청난 능력이 있음을 알게 하시고 그 능력을 목도케 하기 위해 선
포하게 하시는 것이다. 이것이 선포기도의 능력이다.

마침내 에스겔이 하나님 말씀에 순종하여 "생기야 사방에서부터
와서 이 죽음을 당한 자에게 불어서 살아나게 하라!" 선포하자 하
나님의 영, 생기가 들어가 마른 뼈들에게 생명의 역사가 일어나면
서 마침내 엄청난 하나님의 군대가 된다.

우리는 기도하면서도 "오랫동안 정신적인 문제가 있는 아들이
과연 회복될 수 있을까? 남편의 외도와 폭력으로 소망이라곤 찾아

볼 수 없는 이 결혼생활이 회복될 수 있을까? 파산하여 앞이 막막한 우리 가정이 다시 정상적으로 살아갈 수 있을까? 암 선고 받은 나의 육신에 새로운 생명의 역사가 일어날 수 있을까?" 자문할 때가 있다. 이 모든 질문의 답은 '예스'(Yes)다!

내가 처한 죽음과 같은 상황에서 하나님의 말씀에 순종하여 대언할 때 하나님의 새 생명의 역사가 일어나기 시작한다. 뼈가 붙고 힘줄과 새살이 돋아나 놀라운 하나님의 군대를 이루는 역동적인 역사가 우리 삶에 일어나게 되는 것이다.

바울 이래 최고의 선교사로 평가되는 스탠리 존스(Stanley Jones 1884~1972년) 선교사는 69세 때 그만 중풍으로 쓰러져 수개월 동안 자리에서 일어나지도 못하고 말도 하지 못했다.

선교지에서 미국으로 돌아온 그는 이미 고령인데다가 뇌혈관이 터져서 의사도 포기한 상태였다. 그런데 스탠리 선교사는 자기를 간병하는 간호사를 불러서 이런 부탁을 했다.

"나의 몸이 마비되고 또 내가 말을 잘할 수 없으니 내가 아침에 잠에서 깨어나면 'Good Morning!' 대신에 '나사렛 예수 그리스도의 이름으로 명하노니 일어나라!'고 말해 주십시오."

간호사는 그의 요구대로 이튿날 아침 그가 잠자리에서 눈을 뜨는 순간 "나사렛 예수의 이름으로 명하노니 스탠리 존스는 일어나라!" 말했고, 그때마다 스탠리 존스 선교사는 "아멘!"으로 반응했다.

주변 사람들은 그것을 보고 비웃었다. '그렇게 한다고 무슨 병이 낫 겠느냐?'고 생각한 것이다.

그러나 스탠리 존스 선교사는 살아계신 하나님의 능력을 믿었 고, 전능하신 하나님이 자신의 아버지가 되심을 신뢰했다. 그리고 자신의 믿음을 입으로 고백하는 말의 힘이 얼마나 대단한지 너무나 잘 알고 있었다.

그렇게 한 지 얼마 후 스탠리 존스 선교사는 중풍에서 완전히 회복되었다. 그리고 그는 다시 인도로 돌아가 20년 더 사역하게 되 었다. 어떻게 이런 일이 일어날 수 있었을까? 그것은 자신의 입술 로 신앙을 고백한 믿음의 힘 덕분이었고, 말로 그 믿음을 풀어 놓았 기 때문이다.

> 내 입에서 나가는 말도 이와 같이 헛되이 내게로 되돌아오지 아
> 니하고 나의 기뻐하는 뜻을 이루며 내가 보낸 일에 형통함이니라
> ╱ 사 55:11

우리는 다양한 인간관계를 맺으면서 살아간다.

갈등을 줄이고 좋은 인간관계를 맺고 유지하기 위해
나와 다른 이웃의 성격과 기질을 이해할 필요가 있다.
그리고 이웃을 이해하기 위해서는 먼저 나 자신의 기질과 성격을 잘 알아야 한다.

Chapter 2

관계의 치유
-
기질과 성격을
영적으로 이해하라

2017년 10월 2일 미국 라스베이거스 콘서트장에 모인 관객들에게 총을 난사해 최소한 59명을 숨지게 하고 527여 명에게 총상을 입힌 사건이 발생했다. 총격범 스티븐 패덕(Stephen Paddock, 64세)은 회계사 출신에 상당한 재력을 가진 은퇴자로 알려졌다. 경찰은 그가 냉담한 성격에 도박과 게임을 즐겼고 사람들과 교류가 없었다는 주변의 증언이 있을 뿐 총기난사 사건을 일으킬 만한 동기를 찾지 못했다고 발표했다.

최근 이러한 사건들이 급증하고 있다. 정말 '열 길 물속은 알아도 한 길 사람 속은 모른다'는 속담이 현실감 있게 다가온다.

우리는 다양한 인간관계를 맺으면서 살아간다. 갈등을 줄이고 좋은 인간관계를 맺고 유지하기 위해서 심리학적 인간 이해는 매우 중요한 역할을 한다. 신앙생활도 마찬가지인데, 하나님의 사랑으로 이웃을 내 몸같이 사랑하기 위해서 먼저 나와 다른 이웃의 성격과 기질을 이해할 필요가 있다. 그리고 이웃을 이해하기 위해서는 먼저 나 자신의 기질과 성격을 잘 알아야 한다.

전인적 구원이 답이다

"예수도 자기 성질대로 믿는다"는 어느 목사님의 말씀이 생각난다. 그 목사님은 자신의 목회 경험에 비추어 사람의 성격과 기질은 절대 변하지 않는다는 확고한 믿음이 있는 것 같았다. 심리학자 김혜리 교수는 기질의 유전적 특성에 대해 다음과 같이 말한다.

"기질이 내향적인지, 외향적인지는 애당초 타고나는 것이다. 후천적으로 학습된 결과가 아니다. 이런 성향은 사회화가 덜 이루어진 어린아이들에게서 특히 뚜렷한데, 혼자서 조용히 놀기 좋아하는 아이와 남들과 어울려 놀기 좋아하는 아이는 일찍부터 구분된다."

보통 기질은 선천적인 것으로 변하지 않는다고 말한다. 반면 성격은 환경과 노력으로 변화되는 인격으로 우리가 주님을 만나게 되면 기질과 성격의 장점은 하나님의 영광을 위해 사용되고 단점은 보완되고 치유해 주시는 은혜를 체험하게 된다.

사람의 기질과 성격을 크게 둘로 나누면, 강하고 외향적인 사람과 여리고 내향적인 사람으로 구분할 수 있을 것이다. 대체로 성격이 강한 사람은 이 세상을 살아가기 편해 보이지만 그 내면의 공격성과 혈기, 강한 자아 때문에 의도하지 않게 주위 사람들을 힘들게 하는 단점이 있다.

반면 마음이 여리고 예민한 사람은 부드럽게 보이지만 작은 일에도 자책에 빠지고 상처받기 쉬우며, 자주 우울해하고 사람이나 사물에 대해 매우 비판적인 성향을 보인다.

예배를 드리고 기도할 때 우리는 은혜를 받음으로 내적인 변화를 경험한다. 그러나 여기에 머무르지 않고 자신의 내면을 매일같이 하나님의 말씀으로 채우고 자기 성격의 단점을 보완하고 기질에 맞는 기도법을 통해 영혼을 가꿔나갈 때 우리는 주님의 형상을 닮아가는 인격의 변화를 기대할 수 있을 것이다.

사탄, 마귀도 근거 없이 우리 삶 속에 들어오지 않는다. 어둡고 축축한 방에 곰팡이와 벌레들이 생기듯 우울하고 어두운 영혼의 방은 악한 영이 와서 머물기 좋은 환경을 만든다. 반면 웃음과 감사,

사랑과 말씀, 즉 빛으로 가득한 그리스도인들에게 마귀는 아무런 힘도 쓸 수 없다.

구원을 받았다는 것은 천국으로 가는 영생을 얻은 것뿐만 아니라 우리의 지성·감성·의지까지 새로워지는 전인적인 구원을 말한다. 건강한 정신, 자유로운 감정, 강인한 의지로 속사람이 강건해질 때 우리는 더욱 풍성하고 행복한 삶을 살게 되고, 하나님의 뜻을 이루며 살아갈 수 있는 능력과 강력한 성령의 기름 부으심이 임할 것이다.

> 사랑하는 자여 네 영혼이 잘됨 같이 네가 범사에 잘되고 강건하
> 기를 내가 간구하노라 / 요삼 1:2

강한 성격과 외향적인 기질

기질론은 서양의학의 아버지라 불리는 히포크라테스와 로마 의학자 갈렌이 정립한 이론이다. 인간 안에 있는 체액의 많고 적음에 따라 다혈질, 담즙질, 우울질, 점액질 등 네 가지 기질로 나누었다. 이것을 토대로 베블리 라헤이는 《기질과 자녀교육》에서 각 기질의 특성을 성경적으로 해석하고 이해하도록 했다.

강한 성격과 외향적인 기질의 사람들은 세상 일이나 하나님의

일을 할 때 강한 추진력을 발휘해 괄목할 만한 성과를 이루어 낸다. 그래서 리더의 자리에 있을 가능성이 높다. 흥미롭게도 이런 기질의 사람들이 성령의 은사도 쉽게 받는 것을 볼 수 있다.

그러나 강한 자아, 강한 자기주장과 혈기 때문에 종종 주님보다 앞서는 경우가 있다. 게다가 섬김의 자리보다는 자칫 사람들을 통제하고 조종하는 자리에 서게 됨으로 공동체뿐만 아니라 주님의 근심거리가 되기도 한다. 이에 해당하는 기질로는 다혈질과 담즙질이 있다.

▰▰▰▰ 다혈질(Sanguine Temperament)

열정적이고 쾌활한 성격으로 끊임없이 이야기하며, 목소리가 크기 때문에 어디서나 쉽게 눈에 띄는 유형이다. 인간관계에서도 특출한 친화력 덕분에 인기를 끄는 기질이다. 다혈질은 사람을 좋아하기 때문에 '친구 따라 강남 가는' 경우가 많다. 이 기질은 다른 사람, 특히 가족이나 사랑하는 사람들을 기쁘게 해주고 싶어 하는 마음과 동정심이 강해서 애정 표현이나 선물 또는 섬김으로 사람의 마음을 사기도 한다. 또한 이 기질은 어려운 일을 겪은 뒤라도 쉽게 감정이 회복된다.

또한 다혈질은 영적인 것에 잘 반응하는데 특히 복음을 접한 대부분의 다혈질 어린이들은 어린 나이에 그리스도를 영접한다는 통계가 있다. 단점으로는 너무 여러 가지에 관심이 많고 기분에 좌우

되는 탓에 꾸준함이 결여되어 어떤 것을 성취하기 어렵다. 자신의 열정이 방해받거나 억압받을 때 분노로 바뀌기 쉬운 기질이다.

다혈질에 속하는 전형적인 성경 인물로 베드로를 들 수 있다. 마태복음 16장 23절에서 예수님이 십자가 수난에 대해 말씀하실 때 그는 앞뒤도 생각하지 않고 "주여 그리 마옵소서. 이 일이 결코 주께 미치지 아니하리이다"라고 말하는데 결국 예수님에게서 "사탄아 내 뒤로 물러가라. 너는 나를 넘어지게 하는 자로다. 네가 하나님의 일을 생각하지 아니하고 도리어 사람의 일을 생각하는도다"라는 책망을 받았다.

요한복음 18장에서 예수님이 유다의 배반으로 잡혀가게 될 때 베드로는 가지고 다니던 칼로 대제사장의 종인 말고의 오른쪽 귀를 베어버린다. 이렇듯 다혈질은 성격이 급하고 쉽게 공분하는 탓에 행동이 먼저 앞서는 것이 문제이며 사람에 대한 애정 때문에 하나님의 뜻을 이루지 못하는 경우가 종종 있다. 그러므로 다혈질 기질의 사람은 내가 하려는 것이 정말 하나님의 뜻인지 인정이나 나의 열정 때문은 아닌지 분별해야 한다.

> 이제 내가 사람들에게 좋게 하랴 하나님께 좋게 하랴 사람들에게 기쁨을 구하랴 내가 지금까지 사람들의 기쁨을 구하였다면 그리스도의 종이 아니니라 / 갈 1:10

■■■■ 담즙질(choleric Temperament)

이 유형은 어릴 적부터 자부심이 강하고, 활동적이며, 독립심이 강해 모든 것을 스스로 시도하려고 한다. 걸음마를 할 때가 되면 어른들의 도움을 뿌리치며 혼자 유모차에서 내려오려 하고, 부모의 만류에도 공공장소를 마구 뛰어다니는 아이가 이런 유형에 속한다.

이 기질의 특징은 무뚝뚝하고 빈정거리는 말투에서 쉽게 알아볼 수 있다. 담즙질은 다혈질처럼 사람을 기쁘게 하는 데 관심이 있는 것이 아니기 때문에, 비록 그 말과 행동이 상대방에게 상처를 주거나 화나게 한다 할지라도 자기가 옳다고 생각한 것을 말해 버린다. 그래서 담즙질은 매우 정의롭기도 하지만 잔인해 보이기도 한다.

능력 있는 담즙질은 다른 사람들이 일을 충분히 해내지 못하면 답답하게 느끼고 끝맺지 못한 일을 끄집어내서 자기가 해치우고 만다. 담즙질은 보스 기질이므로 자기와 비슷한 강한 성격의 소유자들과 공동체 안에서 갈등을 일으키기 쉽지만, 반면 자기가 지배하거나 다루기 쉬운 부드러운 기질에 끌리고 그런 배우자, 친구들을 좋아한다.

담즙질은 천성적으로 누군가에게 의지하는 기질이 아니므로 성령님의 도우심과 인도하심을 받기가 어렵고 신앙을 갖기도 어렵다. 담즙질에게 있는 강한 의지와 결단력이 쓰임받으려면 먼저 자신의 강한 자아를 깨뜨리지 않으면 안 된다. 열아홉 명의 아이를 길렀던

존 웨슬리의 어머니, 수잔나 웨슬리는 "자기 의지가 강한 아이는 두 살이 되기 전에 그것을 깨뜨려서 부모와 나아가서는 주님께 복종하는 훈련을 시켜야 한다"라고 말했는데 의지가 강한 담즙질 아이가 여기에 속한다.

담즙질이 누군가를 지배하려는 마음과 교만을 깨뜨리고 성령께 자신을 복종시켜 그분의 지배를 받아 거친 성격을 다듬어 간다면 강한 의지력과 추진력, 리더십을 통해서 하나님께서 크게 쓰시는 종이 될 수 있다.

성경에서 담즙질에 속하는 인물로는 사도 바울을 들 수 있다. 그는 유대교의 열성당원으로 예수 믿는 사람을 혐오하여 스데반을 죽이는 일에 가담한 후 다메섹에 있는 그리스도인들을 축출하는 데 열을 올린 사람이었다. 다메섹으로 가는 도중 빛 되신 예수님을 만나기 전까지 자신은 하나님을 위해 위대한 일을 하고 있다고 굳게 믿고 있었다.

빛 되신 주님 앞에 서게 된 그는 자신 안에 있는 어두움을 보았고 강한 자아가 깨어지면서 회심하게 된다. 그는 극심한 핍박 속에서도 불굴의 의지로 아시아와 유럽까지 복음을 전파하는 하나님의 위대한 종으로 쓰임받는다. 복음 전파를 위한 고난의 삶을 통해 그의 강한 기질은 새롭게 변화된다. 하나님의 손길이 그의 기질을 다루신 덕분이다. 이 기질의 사람은 자아가 강한 만큼 강도 높은 훈련의 시간을 가지게 된다.

> 내가 그리스도와 함께 십자가에 못 박혔나니 그런즉 이제는 내가
> 사는 것이 아니요 오직 내 안에 그리스도께서 사시는 것이라 이
> 제 내가 육체 가운데 사는 것은 나를 사랑하사 나를 위하여 자기
> 자신을 버리신 하나님의 아들을 믿는 믿음 안에서 사는 것이라
> ╱ 갈 2:20

 ## 강한 성격과 외향적인 기질의 솔루션

담즙질 유형의 사람들은 갈라디아서 2장 20절 말씀처럼 내려놓음과 깨어짐, 거듭남의 메시지가 그들의 영혼을 깨우는 데 효과가 있으며, 성격이 급한 다혈질의 사람들은 묵상기도를 많이 하여 자신의 혈기로 인해 주님보다 앞서는 일이 없도록 해야 한다.

강하고 외향적인 성격의 사람은 목소리가 커서 발성기도나 부르짖는 기도가 쉽게 되는데 이런 유형의 사람은 정기적인 금식을 통하여 혈기와 자아를 통제할 필요가 있다.

여리고 예민한 성격과 내성적인 기질

심령이 여리고 민감한 영혼의 소유자로서 강하고 외향적인 성격

의 소유자에 비해 외부 공격에 취약하다. 악한 영에게 공격받기도 쉽고 악한 영이 쏘아대는 불화살을 맞아 영혼 깊숙한 곳에 쉽게 상처가 생기는 유형이라 자신만의 재충전 시간을 갖기 좋아한다.

몸에는 에너지가 부족해 무기력한 편이다. 은혜도 잘 받지만 상처도 잘 받기 때문에 영적 강건함을 위해 노력하지 않으면 우울하고 비관적인 사람이 되기 쉽다. 또한 타고날 때부터 영적으로 예민하고 잘 발달된 사람들이 있는데 이들은 영매(靈媒)가 될 가능성이 높기 때문에 주변에 이런 사람이 있으면 하나님을 믿는 신앙을 가지도록 서둘러 전도해야 한다.

악한 영들은 주로 사람을 통해서 공격한다. 잔인하고 공격적인 성향의 사람들을 이용해 대체로 심령이 약하고 예민한 사람들에게 불화살을 쏘아댄다. 학교와 직장에서 왕따의 표적이 되는 사람들, 사회에 적응하지 못해 히키코모리가 되는 사람들, 집중력 결핍과 과잉행동장애(ADHD), 중독 문제를 갖고 있는 사람들이 대체로 심령이 유약하고 예민한 기질인 경우가 많다.

이 기질의 사람들은 알고 보면 선하고 성격이 좋지만 오랜 시간에 걸쳐 상처를 받다 보니 대인관계에 적극적이지 못하며 패배의식에 빠지기 쉽다. 스트레스도 잘 받고 막연한 두려움 때문에 다른 사람의 요구를 거절하지 못하며, 좋고 싫은 의사 표현도 제대로 하지 못한다. 이것은 상대방의 영적인 힘에 제압당하기 때문인데, 이렇게 굴욕적인 삶을 살다 보면 쉽게 좌절과 분노에 빠지고 자존감도 낮아진다.

이런 기질과 성격의 사람들은 싸움 자체를 좋아하지 않고 기력이 약해 맞서 싸우지도 못한다. 생각도 많아 집중력이 떨어지는데 이로 인해 학업과 일의 성취도가 낮을 수 있다.

또한 이런 기질의 사람은 우울감과 패배의식과 거절의 상처로 평소 스트레스를 쌓아 뒀다가 술기운을 빌려 만만한 사람이나 가족에게 분노를 폭발하거나 폭력을 휘두르기도 한다. 도피 성향과 자책적인 성향 때문에 도박, 알코올, 마약, 미디어, 게임 중독과 같은 중독현상들이 나타나기도 한다.

우울질(Melancholic Temperament)

재능과 창의력이 가장 많은 기질로 미술, 음악, 과학 분야에서 탁월한 잠재력을 가지고 있다. 하나님은 빛나는 지성과 깊은 사색가가 될 수 있는 능력을 이들에게 주셨다. 민감하고 예술적인 재능이 있지만 열등의식, 염세주의로 고통을 받기도 한다. 그리고 우울감이 가장 높은 기질이다.

우울질은 조증과 울증이 반복되면서 기분이 극단적으로 되기 쉬운데 현실세계에서 도피하여 가상과 환상의 세계에서 나오지 않으려는 성향이 있기 때문에 자신이 처한 현실을 직면하는 훈련을 해야 한다. 그렇지 않을 경우 중독에 빠지거나 다른 사람에게 자기 문제의 책임을 전가하는 습관이 생긴다.

우울질의 자녀를 둔 부모는 자녀가 자기 방에 틀어박혀 있는 모습을 보고 걱정할 수 있다. 우울질은 비사교적인 기질이며 이들은 완벽주의 성향이 있다. 매우 높은 목표를 세워놓고 자신이 거기에 도달하지 못하면 낙담한다. 또한 융통성이 없고 고지식해서 대인관계에 어려움을 겪기도 한다.

우울질은 잠재력과 재능이 가장 많은 기질이지만 자화상이 빈약하고 삶 속에서의 실패감과 좌절감, 무력감 등 여러 가지 부정적인 감정을 지니고 있기 때문에 이를 극복하기 위해서는 하나님께 감사하는 습관을 갖도록 노력해야 한다.

▩▩▩ 점액질(Phlegmatic Temperament)

자녀를 기를 때 가장 편한 아이는 점액질의 아이일 것이다. 이 기질의 아이는 천성적으로 조용하고 태평하고 잠잠하기 때문에 유아용 침대에 누워서 그저 천장 이곳저곳을 바라보며 만족하고 즐거워하는 것처럼 보인다. 이러한 태도는 타인의 관심을 끌지 않기 때문에 자칫 엄마가 아기의 필요에 응하거나 놀아주는 것에 소홀해지기 쉽다. 이로 인해 아이의 언어발달이 늦어질 수 있다.

점액질은 이처럼 자신의 감정을 표현하지 않다 보면 매사에 생의 방관자가 되기 쉽다. 또한 이 기질의 좌우명은 "무엇 때문에 무리한 노력을 하는가?"다. 착하고 낙천적으로 보이지만 책임감 없고 무능한 사람으로 낙인 찍히기 쉬운 기질이므로 책임 있는 성인으로 살아가도록 도와줘야 한다.

점액질의 아이들은 음식을 천천히 먹으며, 자기가 즐기는 음식이 아니면 먹는 것에 그리 관심을 두지 않는다. 그러므로 먹는 것에 상당한 관심과 열정을 보이는 다혈질이 점액질의 음식을 대신 먹는 경우도 있다. 점액질은 내성적이기 때문에 어릴 때는 약점들이 쉽게 보이지 않는다. 이 기질의 가장 큰 문제는 동기 결핍이며, 약점은 인색함과 이기심이다.

이 기질의 대표적인 성경 인물로 이삭을 들 수 있다. 창세기 26장에서 이삭은 자신이 판 우물을 그랄 목자(블레셋)들이 빼앗으려 할 때 맞서지 않고 내주는 행동을 보인다. 화낼 줄 모르고 늘 다른 사람에게 양보하는 온유의 대명사처럼 보이지만 그가 양보하고 떠날 때 지어준 두 우물의 이름은 이삭의 내면 상태를 대변한다.

에섹(Esek, 다툼의 우물)과 싯나(Sitnah, 적대의 우물)라는 우물의 이름을 통해서 이삭 안에 표출되지 않은 분노를 느낄 수 있는데, 이삭은 적대감이나 공격성을 두려워하는 유약한 성격임을 알 수 있다. 이런 기질의 사람은 내면에 분노의 폭탄이 숨겨져 있을 수 있다.

정신분석학자 이무석 박사에 의하면, 이삭과 같이 공격성을 두려워하는 사람들은 자식들을 잘 훈계하지 못한다고 한다. 이삭 역시

아들 에서가 나이 마흔에 이방여자를 아내로 데려올 때 에서를 말리지도 꾸짖지도 못하는 모습을 보인다. 더군다나 야곱이 자신을 속여 에서의 축복을 가로챘다는 것을 안 후에도 야곱을 꾸짖는 모습을 볼 수 없는데 소신과 권위 있는 아버지의 자세라고 할 수는 없다.

사실 그런 부모 밑에서 자란 자녀들은 잘되지 못한다. 야곱은 하나님의 초월적인 은혜와 긴 시련의 여정을 통해서 하나님의 사람, 이스라엘로 빚어지지만 이삭뿐만 아니라 야곱의 가정도 분란 많은 집안이었음을 짐작하게 하는 내용을 성경 여러 곳에서 발견할 수 있다.

> 그러나 하나님께서 세상의 미련한 것들을 택하사 지혜 있는 자
> 들을 부끄럽게 하려 하시고 세상의 약한 것들을 택하사 강한 것
> 들을 부끄럽게 하려 하시며 / 고전 1:27

여리고 예민한 성격과 내성적인 기질의 솔루션

우울질, 점액질과 같은 여린 기질의 사람들은 무엇보다도 자기 기질의 특성과 한계를 잘 알아야 한다. 구원을 통해 겉사람이 파쇄되어도 유약하고 예민한 사람들은 속사람이 강건치 못하므로 하나님의 능하신 손길로 다루어져 강건함을 회복해야 한다. 강해야 하나님께 쓰임받을 수 있고, 마음의 여유가 생겨 행복을 느끼며, 자신뿐만 아니라 다른 사람들을 사랑하고 돌볼 수 있다. 그들의 인생 목표는 내면이 강해지는 것이다.

강함이 결여된 선이란 때로는 비참할 수 있다. 심령이 약하다면 강한 사람들 안에 있는 사악함과 잔인함을 끌어당기게 된다. 그러나 영적으로 강건해지면 상대방 안에 있는 선을 끌어당겨 악함을 수그러들게 만든다. 만약 특별한 이유 없이 끊임없이 가족과 주위 사람에게 휘둘림을 당한다면 자신의 기질과 성격을 먼저 점검해 보라.

이런 사람들에게는 격려와 용기를 주는 긍정의 메시지가 효과적이다. 경우에 따라서는 갈라디아서 2장 20절과 같이 깨어짐의 메시지는 나약한 이들을 더욱 눌리게 만들 수 있다. 유약하고 예민한 기질의 사람들을 강건하게 하는 기도법은 부르짖는 기도이며, 그중에서도 특히 배에서부터 우러나오는 낮은 소리의 부르짖는 기도가 더욱 효과적이다.

이런 유형의 사람들은 의식적으로라도 의지를 강하게 만들어야 하며, 싫으면 싫다고 거절하는 법도 훈련해야 한다. 또한 수시로 찾아오는 근심과 염려를 허용하지 말고 자신의 감정을 잘 지켜나가야 한다. 자신의 영을 잘 지키고 자신의 감정과 의지와 육체를 강건하게 함으로써 악한 이 세상에서 활기차고 행복한 인생을 살 수 있도록 해야 한다. 이럴 때 주님이 기뻐하시는 용사가 될 수 있다.

나는 27년 전 세례를 받고 신앙생활을 막 시작하려고 할 때 찬양집회에서 찬양을 하다가 방언의 은사를 받았다. 그 후 비교적 초신자 때부터 기도생활을 시작하게 되었는데 기도를 통하여 영적 체험을 하나둘 하게 되면서 하나님에 대한 믿음이 더욱 깊어졌다. 지금 돌아보면 이런 사역을 위해 하나님께서 그때부터 인도하셨구나 하는 생각이 든다. 또 한편으론 이런 사역자가 될 것을 미리 알고 불신자 가정의 배경을 통해 훈련하게 하셨다는 생각도 든다. 그때 받은 영적 공격이 만만치 않았다. 이 모든 것을 극복하는 길은 말씀을 읽고 부르짖어 기도하는 것밖에 없다고 생각한 나는 동네 교회 새벽기도에 가서는 무작정 방언으로 크게 부르짖으면서 기도했다.

그러던 어느 날 옆자리에 쪽지가 하나 놓여 있는 것을 발견했다. 「이 교회 전세 내셨어요?」 대충 이런 내용의 글이었다. '얼마나 시끄러웠으면 그랬을까….' 미안한 마음이 들어 친분이 있던 그 교회 담임목사님께 등록교인도 아닌데 다른 분들의 기도를 방해하는 것은 좋지 못한 것 같으니 이제 새벽기도를 그만 나오겠다고 말씀드렸다. 그러자 그 목사님은 "아니 집사님! 왜 마귀의 소리에 귀 기울이세요? 나는 집사님의 부르짖는 기도를 들으면 용기가 나고 힘을 얻어 함께 부르짖게 되는데…. 그냥 그대로 하세요!" 하셨다.

목사님의 공식적인 허락을 받고 나는 계속 부르짖으며 기도했다. 그런데 놀랍게도 그렇게 1년 정도 기도했을 때 담대함이 충만해졌다. 교회 문을 열고 나가면 주차장이 있었는데 그곳에 주차되어 있는 내 차를 향하여 "이리 오너라!"라고 말하면 차가 올 것 같은 기분이 들 정도였다. '산도 옮길 수 있는 믿음이란 이런 것이 아닐까?'라는 생각이 들었다.

그 시절 나는 예수님 때문에 참 많이 행복했으며, 그 어떤 때보다 전도의 열매가 풍성했다. 여리고 겁 많은 나를 이렇게 강하고 담대한 용사로 만들어 주신 하나님께 감사했고 다시 한 번 부르짖는 기도의 능력에 놀랐다.

침묵기도는 하나님의 음성을 듣거나 내적인 성찰에 효과적이고, 발성기도는 영혼을 강건하게 한다. 낮은 소리를 내서 기도하면 영이 강건해진다. 또한 부르짖는 기도는 영적 전쟁에 효과적이기 때문에 외부에서 오는 불화살을 막고 이길 수 있는 힘을 길러 준다.

이렇게 자기 성격의 단점을 보완하고 자신의 기질에 맞는 기도법으로 영혼을 가꿔나갈 때 우리는 하나님의 형상을 닮은 아름답고 강건한 믿음의 사람으로 변화될 것이다.

부모가 나에게 사랑을 보여준 적이 없을지라도
하나님은 우리가 그런 부모 때문에 고통당하는 것을 원치 않으신다.

하나님은 그분의 은혜를 우리가 받아들임으로써
거절의 유산을 영원히 잘라버리기 원하신다.

Chapter 3

◇◇◇◇◇

거절의 상처 치유

-

상처를 싸매시는
하나님께 나아가라

인생에서 거절을 경험할 때

누구나 살아가면서 거절당한 경험이 있을 것이다. 그 거절
(rejection)의 경험 중에는 대수롭지 않은 것도 있겠지만 어떤 것들은
우리 삶을 통째로 뒤흔들어 모든 인간관계에 영향을 미치는 것도
있다.

사랑했던 사람이 약속장소에 나타나지 않고 연락마저 완전히 끊
어버렸을 때, 대부분의 수험생들이 그렇듯 수년에 걸쳐 열심히 공

부했지만 지망한 대학에 낙방했을 때, 가난이나 신체적 결함 때문에 학교에서 놀림과 따돌림을 당했을 때 거절을 경험하게 된다.

성장해서는 시댁에서 며느리라는 이유로 소외되고 부당한 대우를 받거나, 가정의 생계를 책임진 가장이 직장에서 갑자기 권고사직 통보를 받아 해고되었을 때, 믿었던 배우자의 외도나 다른 이유로 이혼을 하거나 자신의 인생을 희생하며 공들여 키운 자식들이 "엄마가 뭘 알아?", "아빠가 날 위해 해준 것이 뭐야?"라고 말하며 부모를 외면할 때도 거절의 아픔을 경험하게 된다.

그러나 이보다 더 힘든 거절의 경험은 아버지에게 한 번도 따뜻한 사랑을 느껴 본 적이 없거나 어머니가 원하지 않은 임신으로 자신을 낳았다는 사실을 알았을 때일 것이다. 어머니의 존재가 절대적인 어린 시절에 갑자기 어머니가 자신의 곁을 떠났거나 아버지가 가족을 버리고 떠났을 때 우리는 거절의 깊은 고통을 경험할 수 있다.

〈문 라이트〉(Moon Light)라는 영화는 마이애미의 흑인 편모가정에서 태어나 몸을 팔아 생활하는 엄마의 어두운 그늘 밑에서 자라며 부성애를 그리워하는 주인공 소년의 이야기다. 가난하고 왜소하고 소심한 성격으로 학교에서도 따돌림을 당하며 외로운 성장기를 보내다가 결국 유일하게 자신을 친구로 여겨준 한 남자친구와 동성애에 빠지고 마약 딜러로 감옥을 드나들게 된다는 슬픈 인생 스토리를 다루고 있다.

달빛 아래에서는 백인도 흑인도 다 푸르게 보인다는 제목의 이 영화는 동성애와 범죄자의 인생을 살아갈 수밖에 없는 미국 뒷골목의 비참한 현실을 보여 주는 동시에 거절의 상처도 잘 묘사하고 있다. 거절의 상처와 애정결핍은 낮은 자존감을 불러오고 그로 인해 도약하지 못한 채 패배의식과 감정의 묶임 속에서 고통스러운 인생을 살게 된다.

거절의 상처가 남긴 중독

거절의 상처는 마음보다 더 깊은 곳에, 기억보다 더 깊은 곳에 남아있다가 어느 순간 불쑥 튀어나와 자신뿐만 아니라 주위사람들을 괴롭힌다. 거절의 상처가 있는 사람들은 젊을 때는 세상 명예와 권력, 또는 돈을 많이 벌어 부자가 되는 것에 집착하며 인정받으려고 애쓰지만 이러한 것에 집착할수록 그의 영혼은 더욱 고갈되고 성취한 후에도 공허한 마음의 공백을 메울 수 없어 중독에 빠지는 경우가 종종 있다.

치유 사역자인 데릭 프린스 목사는 많은 중독자들을 만나 상담하면서 그들에게 나타나는 중독 증상은 그들의 인생이라는 나무에서 뻗어나온 수많은 가지 중 큰 가지에서 싹튼 작은 가지와 같다는 사실을 알게 되었다. 중독이라는 작은 가지를 지탱하고 있는 큰 가지는 대개 인생에서 경험했던 어떤 종류의 큰 좌절(frustration)이었고, 큰 줄기를 따라 내려가면 그 근원을 만나게 되는데 그것이 바로 '거절'의 경험이었다고 설명했다.

사람은 누구나 외로움을 느끼거나 마음에 상처를 받아서 힘들어지면 위로받을 곳을 찾는다. 허심탄회하게 대화를 나눌 수 있는 친구들과 술잔을 기울이며 속마음을 토로해 보기도 하고 쇼핑이나 영화 관람을 하며 기분전환을 하기도 한다. 그리고 하나님을 믿는 우리 그리스도인은 어려움이 있을 때 기도의 자리에 나와 주님께 자신의 마음을 털어놓으며 모든 것을 아뢰고 그분의 위로와 사랑을 통해서 새 힘을 얻는다.

하나님을 만나지 못한 사람이나 그리스도인이라도 주님을 바라보지 못할 때에는 세상의 것(TV, 쇼핑, 게임, 술, 마약, 담배, 성)으로 위안을 얻으려고 하는데 일단 그것이 습관이 되면 중독의 문제가 생긴다. 중독은 처음에는 우리에게 쾌감과 위로를 주면서 다가오지만 일단 그 사람 안에 자리를 잡고 나면 자신이 주인이 되어 그 사람을 지배하기 시작하는데 그때부터 인생의 더 큰 고통이 시작된다.

기독교 작가인 조쉬 맥도웰은 현대 교회에 닥친 가장 큰 도전은 포르노(야동)라고 말한다. 음란함이 개인과 가정과 교회를 파괴시키고 있다고 역설하며 이제는 어린아이들이 포르노를 보는 연령대가 4~6세로 낮아졌다고 지적한다. 신자들도 포르노를 보는 사람들이 상당히 많은데, 그리스도인들 중 60%는 포르노를 볼 것이라고 추정했다. 특히 20~30대의 10명 중 9명이 포르노를 보며, 이에 중독되면 결혼 후에도 끊지 못한다고 한다.

또한 한국 기독교 영성을 파괴시키는 주범은 포르노이며 사역자들도 음란의 문제로 사역을 중단하는 경우가 많다고 한다.

세상은 점점 더 음란해지고 있다. 그리스도인들도 예외가 아니다. 음란물의 범람, 간통죄 폐지, 동성애 문제와 더욱 자극적인 영화, 드라마로 시청률만을 올리려는 상업주의와 맞물려 음란마귀는 합법적으로 그리스도인들의 안방에까지 당당하게 들어와 우리를 위협하고 있다.

상처의 근원을 파악하라

이는 그가 사랑하시는 자 안에서 우리에게 거저 주시는 바 그의
은혜의 영광을 찬송하게 하려는 것이라 / 엡 1:6

거절의 반대개념은 '용납과 수용'(acceptance)이다. 이것을 잘 나타내는 구절이 바로 에베소서 1장 6절인데 "우리에게 거저 주시는 바"는 영어로 '용납하다', '받아들이다'(accepted, KJV)란 뜻으로 번역되어 있다. 이것은 '예수께서 십자가에서 죽으심으로 인해 하나님께서는 독생자 예수님을 사랑하고 인정하시는 것처럼 아무 조건 없이 우리를 받아주시고 용납하신다'는 의미다.

이것이 십자가의 놀라운 은혜요 복음이다. 이전에 어떤 죄를 지었을지라도, 지금 어떤 연약함이 있어도 내 모습 이대로를 받아주시는 하나님의 사랑을 깨닫는 것이 구원이요 치유다. 이렇게 치유되고 회복된 사람은 자신의 배우자, 부모와 자녀, 주위 사람들을 있는 모습 그대로 받아들일 수 있는 넉넉한 마음을 갖게 되는데 이것이 치유의 놀라운 효과다.

많은 교인들이 오랜 기간 신앙생활을 해도 여전히 이기적이고 인격이 변하지 않는 원인 중 하나는 상처의 문제 때문이다. 내가 온누리교회에서 8년간 인도해온 기도학교를 함께 섬겨왔던 스태프들이 있다. 교회에서 비교적 기도를 많이 하시는 분들이었고 은사도 많았는데 온유한 주님의 성품은 잘 보이지 않고 그들 간의 다툼을 목격할 때도 있었다.

이 문제로 주님께 기도했을 때 주님은 '상처'에 대한 말씀을 주셔서 2년간 힐링을 주제로 강의하며 기도하기 시작했다. 그렇게 2년의 시간이 지나자 대부분의 스태프들의 얼굴이 천사처럼 변하고 내면의 강팍함도 사라졌다. 또 그들이 모두 주 안에서 하나 되는 놀라운 은혜가 임하기 시작했다.

기도를 사모하고 기도의 자리에 나오는 사람은 기도의 능력을 알고 영적인 체험이 있는 성도들이다. 그들 중에는 신앙의 1세대로 치열한 영적 전쟁을 겪고 있는 분, 주님을 인격적으로 만나 거듭났지만 믿지 않는 배우자나 자녀, 부모의 구원을 위해 기도하는 분, 타인에게는 말할 수 없는 아픔과 상처가 있는 분들이 많았다.

사실 거절의 상처는 예배, 봉사, 심지어 기도와 같은 종교의 붕대를 칭칭 감아 놓아도 쉽게 아물지 않는다. 왜냐하면 그 안에 상처를 곪게 하는 거절과 좌절의 파편이 들어있기 때문이다. 그러므로 우리는 주님께 마음의 문을 열고 우리 상처의 근원을 보여 달라고 기도해야 하며, 또한 그것을 제거해 달라고 요청해야 한다. 거절의 상처를 극복하는 첫걸음은 내 삶에 있었던 '거절'을 인식하는 것에서 시작된다.

거절의 쓴 뿌리를 찾아라

살면서 가장 큰 상처를 받을 때는 언제일까? 아마도 마땅히 사랑하고 보살펴 주어야 할 부모가 자기를 거절한다고 느낄 때일 것이다. 예를 들어 어머니가 혼외관계를 통해 아이를 가졌을 경우나 어떤 다른 이유로 인해 임신을 후회하고 미래에 대한 두려움과 불안한 마음을 오랜 시간 품을 때 그 아이는 거절의 상처와 쓴 뿌리(bitterness)를 갖고 태어나게 된다. 이런 아이들이 십대가 되면 자신의 외모나 신체를 혐오하게 될 수도 있다.

임신했을 때 '나는 이 아이가 아들(딸)이었으면 좋겠어!'라고 생각하거나 이를 반복적으로 말하는 것은 매우 어리석은 일이다. 하나님께서 주신 생명을 성(性)으로 차별함으로써 태아에게 거절감을 심어 주기 때문이다. 또한 의도적이든 아니든 자녀에게 사랑을 고루 베풀지 못하고 차별하는 편애도 거절의 상처를 남길 수 있다.

세 아이를 둔 가정이 있다. 첫째 아이는 대부분 그 가정의 기대와 사랑을 한 몸에 받으며 태어난다. 맏아들, 맏딸로서 자연스럽게 우선권을 누리고 부모의 애정과 관심을 많이 받는다. 둘째 아이는 비교적 평범하다. 연이어 태어난 막내인 셋째는 조금은 성숙해진 부모의 넉넉한 마음과 내리사랑의 수혜자로 성장한다. 게다가 막내가 영리하고 총명하기까지 하다고 가정해 보자.

그렇게 되면 자연스레 둘째는 환영받지 못한다는 느낌을 받으면서 거절의 감정을 갖게 되는데 그 결과 인정받기 위해 고군분투하거나 열등감을 안고 살게 된다. 이와 같이 태어난 순서 때문에 거절감을 경험하는 경우도 많다.

부모가 이혼한 가정의 자녀들도 거절의 상처가 있다. 지금은 반드시 그렇지만도 않지만, 얼마 전까지만 해도 이혼하면 어머니가 자녀를 맡았다. 그럴 경우 아이는 사랑했던 아버지가 자기를 버리고 '다른 여자'와 떠나버린 현실 앞에서 깊은 상실감을 경험하며 아버지에 대한 배신감과 '다른 여자'에 대한 '미움'이 싹트게 된다.

"내가 가장 사랑하고 믿었던 아빠가 나를 버렸어!!

이제 나는 어느 누구도 믿지 않을 거야!!!"

아버지에게서 받은 거절의 상처가 불신과 증오, 분노의 영이 들어오도록 문을 열어 놓는다. 이런 내면의 쓴 뿌리는 다른 사람과 관계를 잘 맺지 못하도록 방해하며, 작은 일에도 실망하고 미워하게 만드는 요인이 된다.

> 너희는 하나님의 은혜에 이르지 못하는 자가 없도록 하고 또 쓴
> 뿌리가 나서 괴롭게 하여 많은 사람이 이로 말미암아 더럽게 되
> 지 않게 하며 / 히 12:15

거절의 경험은 그 자체로도 해롭지만 그 상처는 어두움의 세력

에게 문을 열어 줌으로써 한 사람의 삶 속에 수많은 악이 자라게 하고 부정적인 태도와 감정을 키우는 쓴 뿌리의 원인이 되기도 한다.

이런 배경을 가진 아내는 남편이 조금만 늦게 귀가하거나 술에 취한 모습을 보면 의심과 불안한 마음이 엄습한다. 남편의 모습은 아버지의 외도에 대한 기억을 불러일으키고 그 일로 어머니와 자신이 겪었던 고통이 되살아난다.

그런 두려움을 억제하지 못하고 분노의 감정에 휩싸일 때 내뱉은 남편의 무심한 말 한마디는 화약고의 뇌관처럼 그녀의 감정을 터뜨리게 만든다. 아내의 마음속에 있던 분노의 마그마가 분출하여 가정을 치열한 전쟁터로 만드는데, 이같이 사소한 일들이 발단이 되어 부부싸움이 반복되면 부부관계에 균열이 생기고 심할 경우 이혼에까지 이르게 된다.

삶에서 드러나는 문제와 고통에 대한 해답을 얻기 위해 자신의 복합적인 요인들을 분석해 들어가면, 우리는 인지하지 못했던 내 안에 있는 또 다른 자신을 발견하게 되는데 이런 우리의 모습을 잘 설명하는 노래가 있다.

가시나무

하덕규 작사, 작곡

내 속엔 내가 너무도 많아 당신의 쉴 곳 없네

내 속에 헛된 바램들로 당신의 편할 곳 없네

내 속엔 내가 어쩔 수 없는 어둠 당신의 쉴 자리를 뺏고

내 속엔 내가 이길 수 없는 슬픔 무성한 가시나무 숲 같네

바람만 불면 그 메마른 가지 서로 부대끼며 울어대고

쉴 곳을 찾아 지쳐 날아온 어린 새들도 가시에 찔려 날아가고

바람만 불면 외롭고 또 괴로워 슬픈 노래를 부르던 날이 많았는데

내 속엔 내가 너무도 많아 당신의 쉴 곳 없네

상처받은 마음속에 웅크리고 있는 슬픔과 외로움, 두려움과 자기연민으로 마땅히 사랑해야 할 사람을 사랑하지 못한 채 서로 또다시 상처를 주고받는 우리들…. 그런 이유로 주님도 어떻게 하시지 못하는 우리들의 마음 상태를 잘 표현해 주는 노래다.

이렇듯 우리는 자신 안의 불안과 두려움, 미움과 불신의 쓴 뿌리의 근원을 반드시 찾아야 한다. 그렇지 않으면 두려움과 방황의 시간은 길어지며 본인은 물론 주위 사람들까지 힘든 삶을 살아가기 때문이다.

보편적으로 여성이 남성에 비해 거절의 상처가 더 많다고 볼 수 있다. 여자라는 이유로 태어날 때부터 환영받지 못한 경험들이 많고, 학업 기회에서 소외되거나 승진과 급여 등에서 차별대우를 받는 현상은 지금도 세계 곳곳에서 일어나고 있다. 가정에 따라 다르겠지만 여성의 모든 세대가 공통적으로 경험하는 것이 바로 '거절'이었다. 우리나라에서 딸에 대한 평가가 달라진 것도 불과 몇 년 전의 일이다.

우주를 가는 시대가 되었는데도 여전히 아시아, 중동 지역의 여성들은 그들의 종교적 교리와 맞물려 잔인한 차별과 냉대의 그늘에서 살고 있다. 선진국의 반열에 진입한 우리나라 역시 OECD 국가 중에서 여성인권지수가 하위권이라고 하는데 성희롱과 성범죄, 여성혐오범죄의 피해가 끊이지 않는 현실은 우리나라 여성의 상황이 어느 정도인지를 여실히 보여 주고 있다.

사역을 하면서 알게 된 사실은 남성에 비해 여성이 시험에 빠지는 경우가 월등히 많고, 정신적·심적 고통도 여성이 훨씬 많이 받는다는 것이다. 나는 그 원인이 거절의 상처에 있음을 발견할 수 있었다. 억울한 일들이 반복되면 화병이나 우울증이 생긴다. 화병은 두려움, 시기, 질투, 미움, 분노, 증오를 해소하지 못할 때 생기는 울화증으로 한국인의 고질병이다. 화병의 발병률은 남성보다 여성이 1.5

~2.5배 더 높고 고령층에서는 더 큰 격차를 보이는데, 이를 통해 우리 어머니들이 치유받지 못한 채 살았음을 짐작할 수 있다.

'명절 중후군'으로 우울하다는 주부가 많다. 결혼한 여자들에게 명절은 피하고 싶은 날이다. 가뜩이나 어려운 시댁에 가서 하루 종일 음식을 준비하고, 정신없이 뒤치다꺼리를 하려니 육체적으로 너무 힘들다. 게다가 시댁과 친정의 차별, 성 차별적 대우로 인한 정신적 피로가 부부관계 악화로 이어져 명절 후에 이혼율도 급증한다고 한다.

오랫동안 못 만난 가족들을 다시 보는 것은 좋지만 명절 때만 되면 피곤해하고 날카로워지는 아내와 자꾸 다투다 보니 남편에게도 반갑지만은 않은 것이 명절이다. 예전에 남편들은 명절에 TV 앞에서 놀면서 지냈지만 요즘 남편들은 아내와 똑같이 명절이 다가오면 마음이 영 편치 못하다. 이는 산업화 이후 전통적 가족제도가 사라지고 핵가족이라는 개인주의 문화가 정착되면서 생겨난 현상이라지만 엄밀히 말해서 제사문화와 가부장적인 제도라는 유교의 관습에서 비롯된 것임을 간과할 수 없다.

||||||||||||| **여자라는 이유로 거절당한 비극의 여성사[1]**

고대 그리스와 로마시대에는 남자 140명당 여자 100명꼴로 여

자가 턱없이 부족했다. 여자가 태어난 순간 버려져 죽임을 당했기 때문이다. 로마의 로물루스 법에 따르면 아버지들은 건강한 사내아이는 모두 길러야 했지만 여자아이는 첫째만 기르면 되었다. 나머지 여아들은 합법적으로 유기되었다(장애를 가진 남아도 유기되었다). 그러나 여자라는 이유로 생명을 경시하는 풍조는 비단 고대 사회에서만 있었던 것은 아니다.

인도의 경제학자로 노벨 경제학상을 수상한 아마르티아 센은 1990년 〈이코노미스트〉 지에 중국과 인도 등지의 성별 불균형을 주제로 "살인과 낙태, 방치 등으로 사라지는 여아가 1억이 넘는다"라는 글을 써 큰 주목을 받았다. 그로부터 20여 년이 지났지만 상황은 그리 개선되지 않은 것 같다. 마라 흐비스텐달이 펴낸《부자연도태: 남아 선호와 그 결과》라는 책을 보면 아시아에서만도 여전히 남자의 수가 여자의 수보다 1억 6300만 명이나 많은 불균형을 보이고 있다는 것이다.

예수님 시대의 이스라엘에서는 "토라(구약/율법서)를 여자에게 가르치느니 차라리 불태우는 게 낫다"는 랍비들의 극단적인 발언도 찾아볼 수 있다. 랍비들이 자기를 헬라인이나 야만인이나 여자로 만들지 않으신 하나님께 감사 기도를 한 일화는 유명하다.

고대 아테네에서 여자는 교육을 거의 혹은 전혀 받지 못했다. 여자는 아무리 나이가 많고 IQ가 높아도 법적으로 '아이'로 분류되었다.

동서고금을 막론하고 불과 얼마 전까지만 해도 여자는 남자의 소유물이었다. 한 남성이 아들 없이 딸만 있으면 그의 사후 재산은 가장 가까운 남자 친척들에게로 넘어갔다. 그래서 여자가 성추행과 같은 몹쓸 짓을 당하면 배상금은 본인이 아니라 남편이나 아버지에게로 돌아갔다. 이런 현상은 지금도 이슬람, 힌두, 불교 사회에서 볼 수 있다.

|||||||||||||| **배반과 수치심을 안겨 주는 거절의 대물림**

거절의 상처를 받은 사람들에게 나타나는 가장 흔한 현상은 배신감과 수치심이다. 어렸을 때 부모나 다른 양육자에게 받은 거절의 상처도 문제가 되지만 배우자의 외도와 이혼 때문에 거절의 상처를 입게 된 경우 그 고통은 한층 더 심해진다.

남편만 믿고 모든 것을 아낌없이 바쳐 살아왔는데 어느 날 남편에게 다른 여자가 생기고 심지어 자기를 떠나버리면 아내는 심한 배신감을 느낀다. 반대로 아내에게 버림받은 남편 역시 남자로서 실패했다고 느끼기 때문에 어떤 면에서 수치심은 더 클 수 있다.

수치심 또한 사람의 마음과 인생에 부정적인 영향을 미치는데 예를 들어 공개적으로 창피나 망신을 당했던 경험이 있을 경우 자신이 괜찮은 사람임을 인정받기 위해 피나는 분투를 하느라 그의 삶은 매우 피곤해지고 긴장을 늦추지 못하는 강박적인 삶을 살게 된다.

성적 학대의 가해자가 가족이나 친척인 경우가 있다. 이때 피해 여성은 가해자에 대해 불신과 분노의 감정을 느끼는 한편으로 공경해야 한다는 의무감 때문에 더 큰 갈등을 겪게 되는데 이 애증의 응어리가 해소되지 않을 때 우울증이 시작된다. 우울증은 보통 나의 생각과 감정, 그리고 행동이 일치하지 못할 때 생기는데, 복잡한 갈등과 애증의 감정을 해소하지 못하고 마음속에 품고 살아가는 여자들이 히스테릭하게 변하는 것은 이상한 일이 아니다.

또한 거절의 결과로 나타나는 가장 큰 문제는 다른 사람에게 사랑을 받지도 또 다른 사람에게 사랑을 베풀지도 못하는 사람이 된다는 것이다.

부모 품에 안긴 아기는 절대적인 안도감을 느끼며 살아간다. 전쟁의 포화 속에서도 엄마와 아빠가 안전하게 지켜주고 사랑을 표현한다면 그 아이는 안전과 행복을 느낄 수 있다. 이렇듯 우리는 엄마, 아빠의 사랑 없이는 결코 진정한 만족이나 안전함을 느낄 수 없는데 이것은 하나님의 사랑과 보호를 육신의 부모를 통해서 받게 하시는 하나님의 창조 원리다.

그러나 많은 부모가 자녀를 사랑으로 감싸주지 못했기 때문에 아이들은 거절의 아픔을 가지고 자라며, 치유되지 못한 자녀들은 또다시 배우자와 자신의 아이들에게 배반과 수치심을 안겨줌으로써 거절의 고통을 대물림하고 있다. 이렇듯 치유되지 않은 내면의 문제는 애정결핍과 내면의 쓴 뿌리를 통해서 한 세대에서 그 다음 세대로 대물림된다.

⁞⁞⁞⁞⁞⁞⁞⁞⁞ 예수님의 죽음과 우리 죄를 맞바꾸신 하나님의 처방 [2]

부모가 나에게 사랑을 보여준 적이 없을지라도 하나님은 우리가 그런 부모 때문에 고통당하는 것을 원치 않으신다. 하나님은 그분의 은혜를 우리가 받아들임으로써 거절의 유산을 영원히 잘라버리기를 원하신다. 우리가 치유되기를 원한다면 감정과 상황이 진리를 의심하게 만들 때라도 진리를 믿는 법을 훈련해야 한다.

그렇다면 그 진리란 무엇을 말하는가? 그것은 예수 그리스도의 십자가의 죽음이다. 십자가에서 인간의 죄와 상처로 말미암은 모든 재앙이 예수님에게 씌워졌다. 그리고 죄 없으신 예수님의 죽음으로 하나님의 은혜와 축복과 새 생명이 우리에게 돌아가도록 교환된 사실, 그 진리를 믿는 믿음이 거절의 상처를 치유하는 처방전이다.

그런 무조건적인 은혜와 축복의 수혜자가 될 자격이 우리에게 있는가? 당연히 없다. 그것은 육신의 부모의 사랑과는 비교할 수 없는 하나님의 사랑에서 나온 것으로, 그 깊이와 너비를 가늠할 수 없다. 그의 아들 예수는 하나님의 부요와 축복, 치유, 그리고 새 생명을 우리에게 주시기 위해 우리의 가난과 질병과 죽음과 거절과 저주를 십자가에서 친히 짊어지신 것이다.

십자가 처형의 주된 목적은 십자가에 못 박힌 사람에게 수치를 안겨 주는 것이었기에 당시 많은 사람들은 십자가에 매달려 있는 예수님을 모욕하고 조롱했다. 유대 전승에 따르면 당시 십자가형을 당하는 사람들은 완전 나체로 매달렸다고 한다.
이런 수치와 모욕은 우리가 겪었던 수치와 모욕을 대신 감당하는 형벌이었던 것이다.

> 제구시쯤에 예수께서 크게 소리 질러 이르시되 엘리 엘리 라마
> 사박다니 하시니 이는 곧 나의 하나님, 나의 하나님, 어찌하여
> 나를 버리셨나이까 하는 뜻이라 / 마 27:46

예수님이 당하신 모든 고난 중에 가장 힘든 것은 배반의 고통이었다. 십자가의 죽음 직전에 예수님은 하나님을 향하여 크게 부르짖으셨다. 이 부르짖음은 자신이 사랑했던 제자들, 자기를 따르던 무리에게서 받은 배신에 대한 절규였고 나아가 하나님에게 버림받는 끝없는 절망감을 담은 절규였다. 예수님이 받은 거절의 아픔은 상상을 초월한 것이었다. 그런데 예수님이 당한 수치와 모욕, 배신과 절

망이 바로 우리의 거절의 상처를 대신 감당하시기 위함이었다.

예수님이 숨을 거두자 성소의 휘장이 위에서 아래로 찢어진다. 성소의 휘장이 찢어졌다는 것은 하나님과 인간 사이에 장벽이 제거되었다는 의미인데 이것은 이제 우리 안의 거절로 인한 수치와 절망 그리고 죄의식이 찢겨나가고 두려움 없이 하나님께 나아갈 수 있게 되었음을 보여 주신 것이다.

구약시대에는 대제사장일지라도 죄의식과 두려움을 지닌 채 지성소로 들어간 경우에는 죽어나왔다. 말하자면 하나님에게 거절을 당한 것이다. 그러나 친히 제물이 되신 어린양 예수 그리스도는 우리가 하나님께 무조건 받아들여질 수 있도록 십자가에서 우리의 거절을 대신 감당하셨다.

여성의 소명[3]

고대세계에서 여자의 가장 고귀한 소명은 출산이었다. 특히 여자는 아들을 낳아야 했다. 요즘은 딸을 더 선호한다고 하지만 불과 얼마 전까지만 해도 예수님이 살았던 시대와 마찬가지로 여자의 가치도 아들을 낳는 데 있었다. 하루는 예수님이 가르치고 있었을 때 한 여인이 다음과 같은 말을 한다.

무리 중에서 한 여자가 음성을 높여 이르되 당신을 밴 태와 당
신을 먹인 젖이 복이 있나이다 하니 예수께서 이르시되 오히려
하나님의 말씀을 듣고 지키는 자가 복이 있느니라 하시니라

／ 눅 11:27-28

다소 원색적인 표현이긴 하지만 예수님의 어머니를 칭찬하는 말
임에는 틀림없다. 그런데 예수님은 "하나님의 말씀을 듣고 지키는
자가 복이 있느니라"고 말씀하신다. 훌륭한 아버지, 어머니의 역할
은 가정이 있는 자들에게 공통적으로 해당되는 기본적인 소명이지
만 그렇다고 그것이 궁극적인 소명은 아니라는 뜻이다. 여자도 남
자와 똑같이 "하나님의 나라와 의를 구하며 하나님의 거룩한 형상
을 닮아가는 것"이 궁극적인 소명이다.

그런즉 너희는 먼저 그의 나라와 그의 의를 구하라 그리하면 이
모든 것을 너희에게 더하시리라 ／ 마 6:33

누가복음 13장에는 예수님이 마르다와 마리아 집에서 가르치고
계시는 장면이 나온다. 마르다는 손님을 대접하기 위해 이것저것 준
비하느라 정신이 없었다. 예수님 발치에 앉아 말씀에 몰입하고 있는
마리아를 보고 있자니 마르다는 화가 나서 자신을 돕도록 마리아에
게 이야기해 달라고 예수님께 하소연한다. 예수님은 그런 마르다에

게 다음과 같이 말씀하신다.

> 마르다야, 마르다야, 너는 많은 일로 염려하며 정신이 없구나.
> 그러나 꼭 필요한 것은 한 가지뿐이다. 마리아는 좋은 것을 선
> 택했으니 결코 빼앗기지 않을 것이다. / 눅 10:41-42, 우리말성경

이 말씀에 대해 우리는 보통 바쁘게 활동하는 마르다보다 성경
공부를 하거나 예배를 드리거나 기도하는 영적인 일에 열심이었던
마리아처럼 되라는 말씀으로 해석한다. 하지만 존 오트버그 목사는
1세기 당시에 본문을 그렇게 읽을 사람은 아무도 없다고 했다. 누
군가의 '발 앞에 앉는다'는 표현은 그 사람의 제자가 된다는 의미의
관용구이기 때문이다.

> 나는 유대인으로 길리기아 다소에서 났고 이 성에서 자라 가말
> 리엘의 문하에서 우리 조상들의 율법의 엄한 교훈을 받았고 오
> 늘 너희 모든 사람처럼 하나님께 대하여 열심이 있는 자라
> / 행 22:3

사도 바울의 스펙에 대한 설명이 나오는 이 구절에서 '문하'라
는 단어는 많은 역본에서 '발 앞(발치)에 앉아'로 번역되어 있다. 우
리도 명절이 되면 남자들은 방이나 거실에서 TV를 보거나 화투, 윷

놀이를 하거나 술을 마시며 모여 있고 여자들은 부엌에 모인다. 이런 관습은 예수님 시대에는 더욱 심했다. 여자가 그것도 미혼의 젊은 여자가 남자만 모여 있는 곳에 들어가는 것은 금기를 깨는 일이었다. 그런데 마리아는 예수님 곁으로 다가왔다.

마르다는 고대뿐만 아니라 현대에도 여전히 통용되는 여자에게 부여된 일을 했다. 청소와 요리를 한 것이다. 그러나 마리아는 당시 남자에게 부여된 일을 했다. 즉 예수님의 제자가 된 것이다. 예수님은 그런 용기를 낸 마리아를 칭찬하셨다. 주님의 제자로 남자를 부르시듯 예수님은 여자도 그분의 제자 되기를 원하셨다.

복음서에 보면 사실 골고다 언덕까지 십자가를 지신 예수님을 따라간 사람들은 거의 모두 여자였다. 사복음서에서 부활을 선포하는 증인의 역할도 여자들에게 주어졌다. 초대교회에서 여자들의 수는 과반수를 훌쩍 넘었다. 지금의 교회도 마찬가지다.

이와 같이 기독교 공동체에는 많은 여성들이 있었고 거기에는 과부, 버림받은 여자, 병자, 창녀 출신도 많았다. 이 여자들은 새로운 공동체에서 자신의 가치를 발견하였고, 그 공동체에 전심으로 헌신했으며, 거기서 주님을 위한 소명자가 되었다. 많은 여인들이 대륙을 건너가 복음을 전했고 성경을 번역했으며, 교회를 개척하고 병자를 돌보며 문맹자를 교육했고 압제받는 이들을 위해 행진했다. 사회적 편견과 차별에도 불구하고 이 모든 것을 할 수 있었던 것은 그들이 만난 예수님 때문이었다.

독일의 양심인 디트리히 본회퍼는 "예수는 여자들에게 최초로 인간의 존엄성을 부여했다"고 말했다. 예수님은 여자에게 잔소리하거나 아부하거나 윗사람처럼 행세하지 않으셨다. 여자의 도리를 정해 주거나 여자답게 굴라고 다그치거나 여자라고 비웃지도 않으셨다. 그런 분은 지금까지 없었다. 하나님의 아들이신 예수님은 모든 사람을 끌어안으셨다.

아직도 예수님을 모르는 아시아와 아프리카의 이슬람, 힌두, 불교권에서는 여전히 일부다처제, 교육의 결핍, 여성에 대한 차별이 존재한다. 남편의 장례식 화장터에서 자살하는 인도의 과부들, 성매매로 내몰리는 아시아의 어린 소녀들…. 이곳에 예수님의 복음이 들어가야 한다. 그들은 예수님을 만나야 한다. 그러기에 우리는 오늘도 선교를 멈추어서는 안 된다.

> 너희는 유대인이나 헬라인이나 종이나 자유인이나 남자나 여자
> 나 다 그리스도 예수 안에서 하나이니라 너희가 그리스도의 것
> 이면 곧 아브라함의 자손이요 약속대로 유업을 이을 자니라
> / 갈 3:28-29

"저를 고통스럽게 하는 잘못된 믿음은 어디서 나온 것입니까?"

내면아이와 성인자아의 유대감이 형성되면 점차 내적 갈등은 사라진다.
부모에게서 좋은 양육을 받았든 그렇지 못했든
나의 감정을 바꿀 수 있는 사람은 다른 누구도 아닌 나 자신이다.

Chapter 4

부정적 감정의 치유

－

마음의 갈등을
보듬으라

몇 년 전 소위 잘나가는 개그맨이자 MC인 한 연예인이 그가 맡고 있던 모든 TV 프로그램에서 하차하겠다고 발표했다. 하차 이유는 자신이 불안장애를 겪고 있기 때문이라는 것이었다. 그는 한 TV 프로의 게스트로 나와 이렇게 자신의 솔직한 심경을 털어놓았다.

"미래에 대해 지나칠 정도로 불안하다. 운 좋게 모든 것이 잘되다 보니까 내 밑천이 드러날까 봐 두렵고 내가 능력 밖의 복을 가지려고 하다가 잘못될 것 같다는 생각이 든다."

"불안장애 약을 복용하고 있는데, 내 앞에 MC(김제동 씨)가 착한 얼굴로 앉아 있는데도 이유 없이 나를 찌를 것 같은 불안감에 시달린다"고 말해 웃음을 자아냈지만, 당사자에게는 그냥 웃어넘길 수만은 없는 심각한 상황임에 분명했다.

연예인으로 성공가도를 달리던 그가 고통을 호소하는 모습을 보면서, 얼굴은 웃고 있지만 미래에 대한 불안, 걱정과 함께 여러 가지 두려움을 내면 깊숙이 숨기고 살아가는 현대인들의 모습을 보는 것 같았다.

행복을 위한 조건을 어느 정도는 갖춘 것 같은데 늘 마음 한 구석에 공허한 느낌이 남아있을 때가 있다. 나는 항상 부족하고 사랑받을 만한 자격이 없다는 생각과 함께 불안하고 외로운 느낌이 드는 것이다. 이런 감정이 지속되면 매우 고통스러울 수 있다.

이런 감정에 젖어들 때 부정하거나 무시하고 또 잊어버리려 하지만 좀처럼 사라지지 않을 때도 있다. 이럴 때 사람들이 쉽게 찾는 것이 술과 음식이다. 사람에 따라서는 모든 것을 잊어버릴 수 있는 어떤 일에 몰두하거나 TV, 섹스, 약물에 빠지기도 한다.

성인자아와 내면아이의 내적 갈등

인간은 대화하는 존재다. 다른 사람들과의 대화는 물론이고 혼자 있을 때 자신과 대화를 나누기도 한다. 예를 들어 연속적으로 일이 잘 안 풀릴 때 "불쌍한 녀석, 넌 되는 일이 없구나!"라고 말하거나, 나에게 상처를 준 사람이 다시 힘들게 하면 "또 상처를 주면 이번엔 나도 가만 안 있을 거야!" 하고 말한다. 성취와 목적을 위해 질주하는 자신에게는 "나는 (아버지나 어머니의) 인정을 받기 위해 공부(일)를 잘해야 해!"와 같은 말을 하기도 한다.

그렇다면 이때 우리는 누가 누구에게 말을 하는 것인가? 그것은 내 안의 내면아이(Inner child), 다른 말로 성인아이(Adult child)와 성인자아(Adult ego)의 대화라고 할 수 있다.

몇 년 전 어느 집사님 부부 이야기를 들은 적이 있다. 그들은 남편의 외도로 6년간 부부싸움을 해왔다고 한다. 남편은 자신의 잘못을 인정하고 진심으로 용서를 구했다. 아내는 머리로는 용서했지만 마음이 따라주지 못했던 것 같다. 본인도 힘드니까 교회에서 기도와 말씀으로 마음을 추스르고 예배드리며 하나님의 위로도 받았지만 집에 돌아오면 남편과 또 싸웠다. 또 아이들에게는 마구 신경질을 부렸다. 이런 지옥 같은 6년간의 결혼생활 끝에 급기야 남편은 아내를 상대로 이혼청구소송을 했다.

신실한 두 집사님에게 왜 이런 일이 일어난 것일까? 아내는 신앙인으로서 '용서해야 한다'는 하나님의 뜻을 아는 성인자아와 남편을 용서하려고 하지만 내면에 있는 또 하나의 나, 즉 아직 상처가 치유되지 않아 억울해하고 울고 있는 내면아이가 갈등을 일으켜 가족과 자신을 괴롭히고 있는 것이다.

여 집사님의 치유과정에서 자신의 어린 시절을 연상해 보도록 했는데 그녀는 거실바닥에 혼자 울고 있는 어릴 적 자신의 모습을 보았다. 그녀의 부모님은 직장생활로 늘 집에 없었고 언니와 오빠와의 터울이 컸던 탓에 그녀는 거의 혼자 집에 방치되어 있었다. 엄마가 나가시면 혼자 있는 것이 너무나 무섭고 두려웠다. 이 어린아이에게는 자신의 엄마가 영원히 돌아오지 않는 것처럼 느껴졌다.

어린 시절의 이런 방치 경험은 여 집사님이 성년이 되어도 남편과 가족, 친구, 직장동료와 교우들과의 관계에 여전히 큰 영향을 미치고 있었다. 자기에게 중요한 사람이 자신을 혼자 있게 하는 것 같은 소외의 상황에 직면할 때마다 어린 시절 버림받은 상황과 비슷한 거절의 아픔을 느끼는 것이었다.

자신의 감정을 읽어야 한다

내적 갈등은 왜 일어나는 것일까? 내적 갈등은 내 안에 느껴지는 감정을 무시하고 행동하거나 어떤 감정이 들 때 그에 상응하는 행동을 취하지 못할 경우 일어난다. 내면에 느껴지는 감정과 반대로 행동할 때도 내적 갈등이 일어난다.

이런 일이 반복되다 보면 불만족스러운 감정에 휩싸이게 되는데, 그런 불행한 느낌이 지속되면 자신과의 단절이 일어나게 되고 마음의 병이 시작되는 것이다.

그러므로 자신의 감정을 읽는 것은 매우 중요하다. 특별한 일이 없는데도 슬픔, 기쁨, 외로움, 자신감, 억울함, 안전함, 불안함, 두려움, 소망 같은 감정 중에 내가 늘 느끼는 감정의 종류가 어떤 것인지 점검하는 것은 치유에 있어서 매우 중요하다.

그 감정은 주로 어린 시절 양육자와의 관계에서 형성된 것으로, 부모가 자기의 감정을 잘 읽어 주고 그때마다 잘 대처해 준 경험을 가진 사람들은 자신의 감정을 잘 인지하고 그에 따라 적절하게 표현하고 또 그에 걸맞은 행동을 취하므로 내적인 갈등이 사라지게 된다.

그러나 이러한 감정의 소통과 반응을 양육자를 통해서 잘 받아 보지 못한 사람은 성인이 되어도 자신의 감정을 읽는 것과 그 감정을 표현하고 대처하는 것에 어려움을 느낀다.

유교적, 가부장적인 환경과 권위적인 부모 밑에서 자란 사람들은 자신의 감정을 늘 억제하며 표현하지 못한다. 더욱이 부당하고 억울해도 무조건 참으며 살았다면 불만이 지속적으로 쌓이면서 마음에 문제가 생길 수 있다.

또한 자녀가 부모의 적절한 보호와 도움을 받지 못하고 방치되었을 때도 마음의 병이 싹틀 수 있다. 직장 문제로 함께 살지 못했거나 이혼이나 부모의 부재, 우울증을 겪는 부모 밑에서 자란 경우, 양육 과정에서 부모의 보살핌과 사랑이 결핍되고 소통의 경험이 부족하면 성인이 된 후에도 대인기피증과 친밀감 장애를 겪을 수 있다.

한국인 중에는 전통적 가치관과 맞물려 지나친 경쟁주의, 능력 주의에서 오는 극심한 스트레스로 인해 '화병'을 앓는 사람이 많은데, 화병은 내면의 화나 스트레스를 풀지 못해 생기는 병으로 한국 성인 여성 10명 중 8명이 이 증상을 보인다고 한다. 미국정신의학회뿐만 아니라 세계보건기구(WHO)도 울화병의 원조는 한국이라고 규정했다.

가정 사역으로 유명한 김양재 목사님은 자신에게 암이 생긴 이유에 대해 언급하면서 인내로 점철된 자신의 인생을 다음과 같이 말했다.

"딸로 태어나서 참아야 하는 일이 너무 많았다. 부모님이 살아계셨지만 피아노를 전공하기 위해 준비하던 나를 도와주는 사람이 아무도 없이 고학생처럼 아르바이트로 생활비를 벌며 공부해야 했다."

"장로님 가정의 의사 남편과 결혼했지만 가부장적인 가정의 며느리로 재능을 살려볼 기회도 없이 걸레질만 해야 했고, 무섭고 소통이 안 되는 남편을 만나 또 무조건 참아야 했다. 남편이 죽은 후 말씀이 들리고 깨달아지고 말씀을 가르칠 수 있는 은사가 나에게 있음을 알게 되었지만 여자라는 이유로 말씀이 깨달아지는 것에 대해 죄책감마저 들었다."

"21세기인 지금도 여전히 여 목사를 무시하는 한국 교회의 풍토 속에서 또 참아야 했다. 이제 60을 훌쩍 넘긴 나에게 하나님은 선물로 암을 주셨다. 그리스도인의 참된 인내는 예수님을 믿는 믿음 때문에 참아야 하는 것인데 나는 성격, 성품 때문에 참았던 것 같다. 성품, 성격상 무조건 잘 참는다고 하나님이 기뻐하시는 것이 아니다…."

솔직한 고백이라고 할 수 있다. 참고 인내하는 것은 귀하지만 억울한데도 무작정 참는 것은 치유적인 측면에서 바람직하지 않으며, 마음의 병뿐만 아니라 육신의 질병을 유발할 수 있다.

|||||||||||||||| **내면의 단절은 불행을 낳는다**

아비들아 너희 자녀를 노엽게 하지 말지니 낙심할까 함이라

∕ 골 3:21

능력 있고 이성적이며 자신의 분야에서 인정받는 남자들 중에 삶의 기쁨이나 생동감을 느끼지 못할 뿐만 아니라 삶의 의미조차 찾지 못한 채 그저 기계처럼 일만 하며 살아가는 사람들이 있다. 이들은 자신의 내면아이와 단절되어 성취와 목표를 향해 질주하는 성인자아의 모습으로만 살아간다. 힘들고 지칠 때 자신 안에 울고 있는 내면아이의 소리에 귀를 막고 무시하거나 내 마음을 알아 달라고 징징대는 내면아이를 억압하며 살아가기 때문에 삶의 기쁨을 누리지 못하는 것이다. 이들은 성공해도 결코 내면이 만족스럽지 못하고 늘 불행한 느낌 속에 살아간다.

우리가 행복하고 건강하게 살기 위해서는 자신 안에 있는 내면아이와 성인자아 사이에 사랑스러운 관계를 맺는 것이 중요하다. 성인자아와 내면아이의 생각과 감정이 잘 소통되면 둘 사이에 내면적 유대감이 형성되는데 그럴 때 내면의 갈등은 사라진다.

내적 갈등이 사라지면 자존감은 높아지며 행복감을 느끼게 되는데 이렇게 될 때 놀랍게도 가족이나 주변 사람들의 감정도 잘 읽을 수 있게 된다. 반대로 자신의 감정을 읽는 것이 서툴고 또 자신의 감정에 적절하게 대처할 수 없는 사람은 자신도 불행해지지만 가족이나 주변 사람들의 감정도 읽지 못하고 적절히 반응하지 못하게 됨으로 그들도 불행하게 만들 수 있다.

요즘 많은 가정에서 아버지의 존재가 소외되는 현상이 일어나고 있다. 너무나 바쁜 탓에 가족과 시간을 보내지 못하는 이유도 있지만 그것보다 가족과 함께 있어도 그들의 마음을 읽지 못하고 그들의 기분, 감정에 무감각하고 무관심해진 것이 더 큰 이유다. 그것은 아버지들이 가장으로서 일과 성공을 위하여 질주하다 보니 자기 내면아이의 소리를 무시하며 살아왔고 자신의 마음을 들여다볼 수 있는 여유조차 없었기 때문일 것이다.

감정을 바꿀 수 있는 두 가지 선택[4]

> 오늘 내가 하늘과 땅을 증인으로 삼아 너희 앞에 생명과 죽음,
> 복과 저주를 두니 생명을 선택해 너희와 너희 자손들이 살고
>
> / 신 30:19, 우리말성경

내적 갈등을 줄이기 위해서는 내 안의 성인자아와 내면아이의 유대감을 형성해야 하는데 그러려면 먼저 내 마음속에 존재하는 어떤 불편함이나 갈등을 인식해야 한다. 내 안에 존재하는 불편하고 부정적인 감정을 치유하기 위하여 왜 내가 이런 감정을 느끼는지 마음문을 열고 알아보려 노력한다면 내면의 갈등은 예전보다 현저

하게 줄어들 것이다. 더불어 내면이 강해진 느낌과 함께 행복도 맛보게 될 것이다. 이렇게 되면 사랑하는 사람들과 다시 관계를 맺고 싶은 열망도 생겨난다.

사실 행복이란 돈을 많이 벌고 권력을 얻을 때 느끼는 성취감에서 오는 것이 아니라 가까운 사람, 특히 가족과 서로 마음을 나누고 배려하고 아껴줄 때 느낄 수 있는 것이다.

이와 반대로 내 안에 여러 가지 마음의 갈등은 있지만 목표나 성취를 위해 강한 사람이 되기로 마음먹고 마음의 빗장을 채우고 자기 안에 일어나는 감정을 계속해서 무시하면 원하는 것을 얻게 될 수도 있겠지만 자신은 매우 불행해질 것이다.

내면에서 느껴지는 부정적인 감정은 에너지와 같아서 억누르면 심리적 압박감이 점점 커지는데 어느 순간 자신 안에 부풀어 오른 분노의 풍선을 터트리면 사랑하는 사람들과의 소중한 관계가 허물어지게 된다.

술과 약물에 의존하여 감정을 분출하거나 혹은 감정을 무조건 억누를 경우 심하면 스트레스 관련의 질병, 즉 암, 고혈압, 심장병, 뇌졸중, 당뇨병, 비만과 같은 질병에 걸리거나 면역력 약화에 의한 감염성 질환, 치매, 우울증과 같은 정신질환이 생기기도 한다. 그러면서 점점 내면의 단절로 인해 타인은 물론 자신도 사랑하지 못하게 되면서 더 많은 외로움과 내적 고통을 느끼게 된다.

|||||||||||| ## 울고 있는 내면아이 치유하기[5]

내면아이란 우리 인격 중에서 가장 약하고 상처받기 쉬운 영역이다. 감정을 우선시하는 직감적인 본능을 말하며 우리가 태어났을 때 본래의 모습, 타고난 성격, 재능이 이에 속한다. 이 영역은 우뇌, 즉 감정과 경험을 담당한다.

내면아이는 어린 시절의 유치함이 아닌 순수함을 말하는데, 나이를 먹어도 내면아이의 직관력, 상상력, 타고난 지혜, 감정을 느끼는 능력은 쇠퇴하지 않는다고 한다. 나이를 먹어도 어린 시절의 감성을 내 안에 여전히 느낄 수 있는 이유가 여기에 있다.

이것은 또한 나의 심리적 분신을 말하며 한 개인이 삶의 난관을 경험할 때 생기는 경미한 해리(解離) 현상의 결과인데, 한 명 또는 그 이상 있을 수 있다. 이런 내면의 아이들은 성장하면서 겪은 일들을 기억하고 있다고 한다.

인생에 별 문제가 없을 때는 내면아이와의 단절도 그다지 문제가 되지 않지만 위기나 갈등으로 스트레스를 받거나 불행한 일을 만났을 때 내면아이와 잘 소통하지 못하면 감정적 균형을 잃게 된다. 내면아이의 특징에는 다음과 같은 것이 있다.

[대인관계 특징]

1) 늘 다른 사람에게 의존적인 인간관계를 맺는다.

2) 나에 대한 비난이 두렵다.

3) 권위를 가진 사람이 두렵다.

4) 사람과의 관계가 깨지거나 거부당할까 봐 두렵다.

[정서적 특징]

1) 쉽게 욱 하며 화를 잘 낸다.

2) 매사에 반항적이고 자주 충동적으로 행동한다.

3) 다른 사람의 칭찬을 그대로 받아들이지 못한다.

[사고적 특징]

1) 어떤 일에 지나치게 몰두한다.

2) 필요 이상으로 책임감을 느낀다.

3) 성공에 집착한다.

4) 가족이나 친구들의 행복을 위해 필요 이상으로 노력한다.

평생 혹독한 시집살이와 남편의 외도, 딸의 평탄치 못한 결혼생
활로 고통을 겪어온 한 권사님은 자신의 어려움을 극복하는 방법으

로 "이것은 현실이 아니다!"를 되뇌며 현실을 부정하곤 했다. 성인 자아는 현실을 부정하며 눈을 감았지만 내면아이는 혼자서 고통을 당하고 있었다. 그리고 건강했던 그녀는 결국 치매를 앓게 된다.

정신적인 문제가 생긴 사람들의 경우 오래전에 생긴 상처와 계속되는 스트레스가 원인이 되어 자신 안에 있는 내면아이와의 내적 갈등을 해결하지 못할 때 영적인 문제도 함께 발생한다. 오랜 시간 마음이 억압당하고 억울하고 부정적인 감정을 잘 해결하지 못하면 내면에 쓴 뿌리가 생겨 어두움이 들어오도록 문을 열어 주기 때문이다.

그러므로 성령을 통해 인생의 사건 속에 있었던 울고 있는 내면아이를 대면함으로 그들이 예수님을 통해 치유받도록 마음 문을 열어야 한다. 그리고 내 안에 자주 일어나는 감정의 종류와 그 원인을 알아보려는 자세가 필요하다.

주리 씨의 아버지는 평생 일에 파묻혀 열심히 살았는데 늘 스트레스를 많이 받으며 쉼 없이 지냈다. 종일 일하고 집에 돌아온 아버지는 자녀들이 쉬거나 놀고 있는 모습을 몹시 못마땅하게 여겼다.

"공부는 안하고 놀기만 하니? 어서 가서 공부해!"

반복되는 아버지의 말을 들으며 자라난 주리 씨의 마음 깊은 곳에는 어느덧 다음과 같은 믿음이 생겼다.

'쉬거나 노는 것은 나쁜 것이구나. 열심히 공부를 하거나 일을 해야 기분이 좋아지는 거구나….' 이런 내면의 소리를 들으며 살아온 결과 그녀는 물론 그녀의 형제 모두가 일중독자(workaholic)가 되어 독신으로 지낸다.

내면아이에게 사랑을 베풀라[6]

우리가 살아가면서 스트레스와 무기력을 느낄 때 내 안의 내면아이는 "나 힘들어! 도와줘!"라고 말한다. 그럴 때 하나님의 사랑을 알고 내면아이와 유대감을 형성하고 있는 성인자아라면 "넌 혼자가 아니야, 내가 너와 함께 있잖니! 내가 어떻게 도와줄까?" 또는 "우리 안에 예수님이 계시니 그분께 나아가 쉼을 얻자꾸나…"라고 말하며 예수님의 말씀을 들려준다. 그리고 잠시 하던 일을 멈추고 예수님을 바라봄으로 쉼을 얻게 도와준다.

> 수고하고 무거운 짐 진 자들아 다 내게로 오라 내가 너희를 쉬게 하리라 나는 마음이 온유하고 겸손하니 나의 멍에를 메고 내게 배우라 그리하면 너희 마음이 쉼을 얻으리니 이는 내 멍에는 쉽고 내 짐은 가벼움이라 하시니라 / 마 11:28-30

이런 일을 하는 것이 성인자아의 역할이며, 성인자아의 특징은 다음과 같다.

1) 논리적인 생각을 담당하는 부분으로 현실세계의 다양한 경험을 통해 지식을 축적한다.

2) 지성적이고 좌뇌적이며 논리적이고 분석적인 의식이다.

3) 성인자아는 존재, 경험보다는 행동과 관계 있다. 성인자아는 목적을 가지고 어떤 행동을 할 것인지 결정을 내린다. 내면아이를 위해 행동하는 것도 성인자아다.

4) 우리의 인격 중에서 후천적으로 배운 부분에 해당하며 그리스도인이라면 성인자아는 예수님을 알고 하나님의 사랑을 알고 있다. 예수님이 우리에게 하셨듯이 우리 내면의 자아에게 사랑과 인내로 다가갈 수 있는 지혜를 가지고 있다.

예를 들어 과중한 업무로 스트레스를 받고 있을 때 내면아이는 이렇게 말할 것이다. "이렇게 재촉 받는 것이 정말 싫어! 난 울렁거려! 정말 쉬고 싶어! 도와줘!"

그럴 때 내면아이의 감정을 읽지 못하고 유대감도 없는 성인자아가 "그만 징징거려! 조금만 더 참고 일하지 않으면 안 돼. 내일이 마감이잖아!"라고 했다면 내면아이는 돌봄을 받지 못하고 계속 고통 속에서 사는 것이다.

그러나 만약 성인자아가 내면아이의 마음을 살피는 쪽을 선택한다면 다음과 같이 말할 것이다. "어린 시절에 너는 노는 것이 나쁜 일이라고 믿었지. 그러나 틀린 생각이야. 너는 더 이상 엄청난 업무와 과로에 시달릴 필요가 없어. 너는 다른 방법을 선택할 수 있어!(조금 쉬었다 하자/ 난 휴가가 필요해)"

이렇게 자신의 마음을 읽어 주는 성인자아의 말을 듣는 순간 우리는 많은 부분 자유함을 느끼게 된다. 일하는 것은 좋고 놀거나 쉴 때 우리 안에 깃드는 수치심과 죄책감을 조장하는 어린 시절의 잘못된 믿음에서 해방될 수 있다.

우리 안의 잘못된 믿음에서 해방되기 시작하면 나 자신을 있는 모습 그대로 받아들일 수 있게 된다. 이것을 통해서 자존감이 높아지면 타인과도 자유롭게 사랑의 관계를 맺을 수 있다. 이렇듯 내면의 유대감을 형성하기 위해서는 내 안의 내면아이에게 사랑을 베푸는 성인자아가 되어야 한다.

|||||||||||||| **나 자신을 사랑하고 있는가**

또 마음을 다하고 지혜를 다하고 힘을 다하여 하나님을 사랑하

는 것과 또 이웃을 자기 자신과 같이 사랑하는 것이 전체로 드

리는 모든 번제물과 기타 제물보다 나으니이다 / 막 12:33

　　신앙생활에서 가장 중요한 핵심말씀은 무엇인가? 성경 66권을 요약하면 하나님을 사랑하고 내 이웃을 사랑하는 것이다. 그런데 어떤 사람이 이웃을 나 자신과 같이 사랑할 수 있는가? 자기연민, 자기애와 같은 이기적인 사랑이 아닌 자기 자신을 하나님의 눈으로 바라보며 사랑하고 존중할 수 있는 자, 자신의 감정을 읽을 줄 아는 넉넉한 마음을 가진 자만이 진정 이웃을 사랑하기 위한 용기와 희생을 기쁘게 감당할 수 있을 것이다.

　　그런 의미에서 우리는 나 자신을 진정으로 사랑하고 있는가를 자문해야 한다. 상대방의 마음과 의도를 살피는 것에서 사랑 표현은 시작된다. 내 안에서 내면아이와 성인자아가 갈등을 일으킬 때 성인자아는 내면아이의 요구를 다 들어줄 필요는 없지만 내면아이의 의도(그 감정)에 귀 기울여 주는 태도는 매우 중요하다. 그리고 잘못된 생각과 믿음을 갖고 있을 때에는 그것을 친절하게 정정해 줄 필요도 있다.

　　성인자아와 내면아이의 소통이 단절되면 매우 고통스러워진다. "넌 쉬면 안 돼! 체면을 생각해야지! 징징거리지 마!" 마치 어린아이가 울고 칭얼거릴 때 비정한 엄마가 이런 말로 아이를 혼내면 아

이는 엄마와의 사이에 감정의 단절을 경험하게 되는 것처럼 자신의 감정을 부정하거나 무시하는 것은 내 안에 울고 있는 내면아이를 버리는 것과 같다. 이것은 길거리에서 미아가 되어 울부짖고 있는 아이를 그냥 지나치는 것과 같다. 이렇게 성인자아에게 버림받은 내면아이는 계속 울며 분노할 것이다.

반면 내면아이에게 지나치게 관대하거나(귀찮을 때도 방임, 관대해질 수 있다.) 너무 권위주의적일 경우 성인자아의 숨은 메시지는 "내면아이, 너는 사랑과 관심을 받을 가치가 없어!"로 해석될 수 있다.

무시, 지나친 관대함, 방임, 권위적인 태도로 성인자아와의 단절을 지속적으로 경험하게 되면 내면아이는 자신의 가치를 찾기 위해 진심으로 자신을 알아주는 사람, 자기 말을 들어줄 사람을 찾아나서게 된다. 그리고 그런 사람을 찾지 못할 경우에는 사람이 아닌 물질에 의지하게 되는데 여기에서 알코올, 약물, 음식과 술, 섹스나 도박, 게임, 인터넷 중독과 같은 의존(중독)이 시작된다.

|||||||||||||||||||| **내면아이의 치유 과정** [7]

그렇다면 내 안에서 울고 있는 내면아이의 마음을 읽어주고 유대감을 형성하기 위해 어떠한 과정이 필요할까?

1단계] 자기 내면의 갈등을 인식하라.

대부분의 사람들은 무의식 중에 마음의 문을 닫고 자신을 보호하거나 방어하기 때문에 자신의 내면의 갈등을 인식하기가 쉽지 않다. 만약 이런 감정을 외면하기 위해 그동안 일이나 술 그리고 TV를 벗 삼아 살았다면 치유를 위해 이것들을 멀리할 필요가 있다.

2단계] 사랑을 베푸는 성인의 마음으로 다가가라.

모든 감정에는 나름 타당한 이유가 있다. 힘들어도 기꺼이 그 고통을 느끼려고 노력해야 한다. 여기서 중요한 것은 옳고 그름으로 판단하지 말아야 한다는 것이다. 마음을 열고 내 안의 고통을 살펴보며 그 속에 어떤 잘못된 믿음이 있는지 알아보는 것이 치유과정의 핵심이다.

3단계] 내면아이와 대화하라.

자신의 내면아이를 이해하기 위해 다음과 같이 질문해야 한다.
"왜 그러니?"
"넌 왜 그런 감정을 느끼니?"
내면아이의 말을 경청함으로 내면아이의 감정과 그 속에 숨은 잘못된 믿음이 무엇인지 알고자 노력해야 한다. 수치심과 죄책감과 같은 감정의 원인과 책임이 나에게 있다고 생각해서는 안 되며, 어디까지나 내면아이에게 성인자아의 관대한 마음을 나타내면서 다음과 같이 지지해 주어야 한다.

"넌 혼자가 아니야!"

"넌 놀랍게 창조적인 아이야."

"실수해도 돼! 실수해도 넌 여전히 사랑스러운 아이야!"

"넌 사랑받기 위해 항상 완벽할 필요는 없어!"

"바른 말과 행동을 하지 않는다 할지라도 난 계속 너를 사랑할
거야!"

"너의 기억은 의미 있어! 지금 이 상황이 어릴 적에 받은 충격적
인 일을 떠오르게 했니?"

"누가 널 도와주었으면 하니?"

나 자신에 대한 잘못된 믿음은 무엇인지 생각해 보라. 잘못된 믿
음은 우울증의 원인이 되고 성인자아 그리고 타인과 사랑을 주고받
으며 기쁨을 느끼는 것을 방해한다. 우리를 불행하게 한 것은 다른
사람이 아니라 내 안에 있는 잘못된 믿음이다.

어린 시절 무시당하고 통제받고 신체적, 성적 폭력을 경험한 사
람은 '나는 사랑받을 만한 가치가 없다'는 잘못된 믿음을 갖고 자란
다. 여기에서 거짓 자아(에고)가 생기는데 이것은 하나님의 사랑의
빛으로부터 나 자신을 차단시킨다. 그러므로 성인자아는 하나님의
마음을 가지고 자신의 마음 안에 있는 상처받은 내면아이를 보살펴

고 사랑을 주고받으면서 하나님의 사랑의 빛으로 인도해야 한다.

> 예수께서 또 말씀하여 이르시되 나는 세상의 빛이니 나를 따르
> 는 자는 어둠에 다니지 아니하고 생명의 빛을 얻으리라
> / 요 8:12

4단계] 잘못된 믿음과 생각의 교정

성인자아가 내면아이와 대화함으로써 고통을 유발하는 잘못된 믿음이 무엇인지 알고 나면 그러한 생각을 바로잡고 적절한 행동을 취할 수 있다. 성인자아는 후천적으로 배워서 습득한 지식만 갖고 있기 때문에 자신에 대한 온전한 진실을 찾기 위해서 안으로는 내면아이에게, 밖으로는 주님께 도움을 구해야 한다.

"저를 고통스럽게 하는 잘못된 믿음은 어디서 나온 것입니까?"

"지금 이 상황에서 내면아이에게 어떻게 사랑을 표현해야 합니까?"

내면아이와 성인자아의 유대감이 형성되면 점차 내적 갈등은 사라진다. 이때 성인자아는 내면의 힘과 결속된 감정을 느낀다. 한편 내면아이는 자유롭고 안전하며 소중하다는 느낌을 받는다. 그와 함께 수치심은 줄어들고 자존감은 올라간다. 나아가 용기를 가지고 마음을 열어 다른 사람들과 사랑의 관계를 맺을 수 있게 된다.

기도학교에 온 민 집사는 두 아이의 엄마다. 민 집사는 아이들이 말을 듣지 않을 때마다 과도하게 소리를 지르고 화를 냈다. 곧 회개하긴 하지만 다시 이런 생활은 반복되었고, 아이들의 주눅 든 모습을 보며 죄책감에 시달렸다. 그러던 중 기도학교에 와서 자기의 모습을 보게 되었다.

중학교 시절 "넌 너무 완벽하고 차가워 보여서 싫어"라고 수군대던 아이들의 말, 성적에 대한 압박에 시달렸지만 성적이 오르지 않아 괴로웠던 학창시절, '난 할 수 있어. 난 할 수 있어' 하며 주문처럼 자신에게 선포했지만 한편으론 '원하는 대학에 못 가면 어쩌지? 남들 보기 부끄러우면 어쩌지?' 하며 걱정과 두려움에 휩싸였던 시간들이 떠올랐다.

민 집사는 겉으로는 자신감 넘쳤지만 속으로는 실패에 대한 두려움에 시달렸다. 수능 날 너무 긴장한 나머지 졸음을 이기지 못해 제대로 답안지를 작성하지 못했다. 원하는 대학을 가지 못하고 패배의식에 휩싸인 그녀는 어른이 되어서도 수능 날 고3 아이들만 보면 마치 자신이 수능을 치르는 것처럼 떨리고 흐르는 눈물을 주체할 수 없었다고 한다.

민 집사는 자신의 삶에 일어난 문제들의 원인이 '넌 절대 할 수 없어'라는 거짓된 목소리에 사로잡혔기 때문임을 깨닫게 되었다. 맏딸인 자신에 대한 엄마의 과잉 기대와 욕심도 그녀를 힘들게 했다는 걸 깨달았다. 엄마가 원하는 대로 늘 완벽하고 잘해야 한다는 압박에 시달렸던 것이다.

남들의 평가에 좌지우지되었던 지난날을 떠올리며 민 집사는 눈물을 흘렸다. 그러면서 "주님, 고쳐 주십시오. 치유해 주십시오. 주님만 바라보겠습니다" 기도했다. 이렇게 치유의 시간을 가진 후 민 집사는 많이 달라졌다. 주님 한 분만으로 만족하고 사니 기쁨이 넘친다고 했다. 남편에게 잔소리도 안 하고, 아이들에게 짜증내며 소리치지도 않는다.

조금이라도 지치거나 마음이 풀어지면 다시 짜증이 밀려오는 게 느껴지는데, 그럴 때 조용히 방문을 닫고 기도한다. "저는 주님이 필요합니다. 주님 오시옵소서." 그럴 때마다 주님은 조용히 다가와 민 집사의 마음을 어루만져 주신다.

내면의 치유와 자녀 양육

이렇게 내 안의 내면아이를 잘 보살피면 배우자나 자녀들과의 소통도 잘 이루어진다. 특히 자녀는 자신의 분신으로 내면아이와 같은 요소가 많다. 그렇기에 내면아이가 성인자아에게 바라는 것이 다름 아닌 내 자녀가 부모인 나에게 바라는 것이 될 수 있다.

어린 시절 부모님의 사랑과 보살핌을 충분히 받았다면 당신은 자신에 대해 좋은 감정을 가질 것이다. 그러나 슬픈 진실 중에 하나는 우리가 어릴 적 부모에게 충분한 사랑과 보살핌을 받지 못했다고 해서 어른이 되어 다른 누군가를 통해 그것을 보상받을 수는 없다는 것이다.

만약 자신의 공허함을 채우고 외로움을 달래기 위해 완벽한 부모나 이상적인 배우자를 계속 찾고 있다면 평생 시간을 낭비해야 할 것이다. 왜냐하면 그 열쇠는 다름 아닌 자신의 내면에 있기 때문이다.

부모에게서 좋은 양육을 받았든 그렇지 못했든 나의 감정을 바꿀 수 있는 사람은 다른 누구도 아닌 나 자신이다. 또한 나를 사랑하시되 자신의 생명보다 더 사랑하시는 하나님 그분이 나와 영원히 함께하심을 믿을 때 이 작업은 훨씬 수월해진다.

우리는 예수님을 통해서 하나님의 무한하신 사랑을 맛보았다. 그 사랑을 아는 성인자아가 예수님의 마음을 가지고 내면아이에게 다가가 내적 갈등에 대해 알아보고 소통하고 지지해 줘야 한다. 남들의 사랑을 구하기 전에 먼저 자신에게 사랑을 가지고 다가가야 한다. 자기 내면아이의 소리에 귀 기울이고 보살피고 도와줘야 한다.

이렇게 내면아이의 고통을 치유하게 되면 자녀들에게도 사랑을 베푸는 인자한 부모가 될 수 있다. 우리의 구원자이신 예수 그리스도도 이 일을 위해 오셨다.

> 너희는 가서 내가 긍휼을 원하고 제사를 원하지 아니하노라 하신 뜻이 무엇인지 배우라 나는 의인을 부르러 온 것이 아니요 죄인을 부르러 왔노라 하시니라 / 마 9:13

나의 아버지가 나를 거절하고
나의 어머니가 나와 함께 시간을 보내준 적이 없었을지라도
하나님은 나를 항상 사랑하고 원하신다는 사실을 마음에 새겨두어야 한다.

우리는 하나님께서 돌보시는 우주만물 중에서
가장 특별한 사랑과 관심의 대상이기 때문이다.

Chapter 5

원가족 치유

-

부모여,
자녀를 노엽게 하지 말라

자녀들아 주 안에서 너희 부모에게 순종하라 이것이 옳으니라
네 아버지와 어머니를 공경하라 이것은 약속이 있는 첫 계명이
니 이로써 네가 잘되고 땅에서 장수하리라 또 아비들아 너희 자
녀를 노엽게 하지 말고 오직 주의 교훈과 훈계로 양육하라

／ 엡 6:1-4

구한말 서양인 선교사들은 조선인들의 효심에 감동했다고 한다.

고종 황제의 밀사였던 헐버트 선교사는 "이 세상에서 효행이 최고인 나라는 조선이다"라고 말했고, 고종의 시의를 역임했던 의료선교사 알렌은 "조선은 늙음과 죽음이 두렵지 않은 노인의 천국"이라고 말했다.

십계명 중 1~4계명은 하나님과의 관계에서 지켜야 할 사항이다. 그리고 5계명 이하는 도덕적·윤리적으로 지켜야 할 사항인데, 그 첫 번째로 하나님은 "네 부모를 공경하라"고 하신다. 그리고 이 계명에 순종할 때 이 세상에서의 축복과 장수의 약속을 하신다.

부모에게 잘못된 태도를 보이면서도 교회활동이나 봉사는 잘할 수 있다. 아마 천국에서도 그를 위한 자리가 있을 것이다. 그러나 이 세상에서의 축복과 하나님의 은혜는 부족할 것이다. 부모를 공경하지 못했던 이들이 자신의 죄를 깨달아 회개하고 부모에 대한 태도를 바꾸었을 때 그들의 삶이 놀랍게 변화되는 것을 보았다.

잘되고 장수하고 싶은 이유가 아니더라도 우리는 부모님을 공경해야 한다. 이는 부모님의 뜻에 온전히 동의하거나 그분들의 종교나 가치를 꼭 따르라는 이야기가 아니라 부모님의 생각을 존중하고 그분들의 마음을 기쁘게 해 드리라는 말이다. 부모는 자녀들에게 하나님의 축복의 통로가 되며, 부모를 공경하는 것이 하나님을 공경하는 것이기 때문이다.

그러나 부모를 공경하고 싶지만 생각처럼 되지 않는 것도 사실이다. 자녀들에게는 부모에 대한 애증의 그림자가 있기 때문이다.

최근 친부모를 폭행하거나 살해하는 기막힌 사건을 보면서 그 가정에서 부모와 자녀 사이에 도대체 무슨 일이 있었기에 그런 사건이 일어났을까 하는 생각이 든다. 패륜아 자녀들을 비난하기 전에 그들의 부모가 자녀들을 어떻게 키웠는가도 살펴봐야 할 것이다.

주님의 교훈과 훈계가 아닌 잘못된 방법으로 양육했거나, 자녀들을 노엽게 하고 억울하게 한 일들은 없었는지 점검해 봐야 한다. 문제 부모는 있어도 문제 자녀는 없다고 하지 않는가.

원가족 치유의 시작

한국의 대표적인 치유 사역자 정태기 교수에 의하면, 머리카락을 뽑아 전자현미경에 넣으면 그 사람의 파장을 알 수 있는데 그 파장으로 인간 심리를 진단할 수 있다고 한다. 이것은 양자물리학 분야로서 파장의 패턴을 통해서 인간의 내면을 고찰하면 매우 흥미로운 사실들을 발견하게 된다.

예를 들어 파장이 센 사람은 우울증이 잘 생기고 되는 일이 없는 반면, 파장이 잔잔한 사람들은 목적을 세워 일을 할 때 수월하게 잘 풀린다고 한다.

파장이 거칠면 마음이 불안하기 때문에 술이나 도박, 마약에 빠지기 쉬운데 이 파장을 그대로 방치하면 정신병으로 발전할 수 있으며, 암이나 다른 질병도 생길 수 있다고 한다. 공부가 잘 안 되는 아이들을 연구한 결과, 파장이 거친 아이들이 많았는데 마음이 불안하니 가만히 앉아서 공부할 수 없고 게임만 하려는 태도를 보인다는 것이다.

파장이 거친 사람들의 문제를 조사해 보니 어린 시절 어려움을 겪었거나 상처가 많은 것으로 나타났다. 안정되고 충분한 사랑을 받지 못하면 신경이 예민해지는데 이런 사람들의 파장은 쉽게 요동친다는 것이다. 그래서 제대로 실력 발휘를 할 수 없으며 시험을 치를 때도 집중하지 못해 성적이 잘 안 나온다고 한다. 만약 이런 사람들이 죄를 저질러서 교도소에 간다고 해도 파장을 줄일 수 없다면 출소해서 중독에 빠지거나 다시 범행을 저지르게 되는 것이다.

2007년 미국 버지니아 공대(Virginia Tech University)에서 32명을 총기난사로 살해한 조승희를 조사했는데, 그가 정신의학적인 용어로 선택적 무언증(selective mutism)에 시달렸다는 사실이 밝혀졌다. 이것은 불안, 위축, 반항심 때문에 특정한 상황에서 말을 하지 못하는 불안장애의 일종이다. 공부도 잘하고 잘생기고 얌전한 성격의 조승희가 자신도 어쩔 수 없는 마음과 정신적인 고통에 오랜 기간 시달리고 있었던 것이다. 조승희와 같은 불안장애는 우리나라 청소년들

에게 아주 흔한 증상이다.[8]

2007년 서울시학교보건진흥원은 서울 거주 청소년들의 정신장애 유병률을 발표했는데 2672명 중 23%가 불안장애로 나타났다. 즉 10명 가운데 2~3명은 조승희가 될 가능성이 있다는 것인데 10년이 지난 지금 그 양상은 더 심해졌을 것이다.

정태기 교수도 어릴 적에 아버지의 외도로 부모님이 극렬하게 싸우는 모습을 보고 자라났기 때문에 30대 중반까지는 대인기피증에 사람만 보면 말도 못하고 벌벌 떨어 재봉틀이란 별명까지 얻었다고 한다. 이런 환경 탓에 결국 심한 우울증까지 앓았지만 하나님을 인격적으로 만나고 37세에 완전한 치유를 받게 된 이후 그의 인생에 반전의 역사가 일어났다. 이전에는 되는 일이 없는 비참한 인생이었다면, 지금은 기도하면 기대 이상의 응답과 결과가 나온다는 것이다. 고령의 나이지만 자신의 삶에 놀랍고 흥분되는 하나님의 일들이 계속 일어나고 있다고 말한다.

정태기 교수의 부부세미나에 참석한 70대 장로님 부부가 있었다. 그분들의 딸이 심한 우울증과 정신질환을 겪고 있었다고 한다. 이분들의 삶을 들어보니, 이 부부는 평생 싸우며 살았다. 살면서 부부싸움을 안 할 수는 없지만 다툰 후에 서로 화해하고 아이들에게 사과할 때 아이들의 파장은 다시 잔잔해질 수 있다. 그러나 3년 이상 이런 거친 부부싸움이 반복될 때 그 아이는 평생 습관적으로 파장이 요동치게 된다고 한다.

부부세미나를 통해서 장로님 부부는 딸의 우울증 원인이 부모인 자신들의 갈등에 있었다는 사실을 깨닫고 아내와 함께 회개하고 서로 진심으로 용서와 화해를 하고 딸을 위해 열심히 기도했다. 그로부터 5~6개월이 지난 후 그동안 집에 발길을 끊었던 딸이 찾아왔는데, 완전히 좋아져서 돌아온 딸의 모습에 노부부는 너무나 놀랐다. 이것이 놀라운 하나님의 치유의 역사다.

부모가 하나님을 만나 회개하고 은혜를 받아 사랑이 넘치니 부모의 파장도 잔잔해져 DNA가 같은 자녀의 파장도 줄어들게 되는 것이다.

스위스의 정신과 의사이자 세계적인 심리학자인 구스타프 칼 융이 영국 BBC와의 인터뷰 중에 이런 말을 했다.

"나는 무수히 많은 정신과적 환자를 진료했었는데 하나님과 거리가 멀어진 사람은 그의 영과 정신이 발작을 일으키는 것을 보았다. 그리고 얼마 안 가서 몸도 발작을 일으키는데 이것을 우리는 질병에 걸렸다고 말한다. 병의 뿌리는 하나님과 거리가 멀어진 데 있다."

그러자 방송을 진행하는 PD가 짜증을 내며 "하나님과 관계없는 환자에 대해 말해 달라"고 했다. 그러자 융은 "그런 환자는 50년간 한 사람도 볼 수 없었다"고 말했다.

나는 세상의 빛이니 나를 따르는 자는 어둠에 다니지 아니하고
생명의 빛을 얻으리라 / 요 8:12

아버지 치유[9]

많은 사람들이 자신의 부모를 자랑스럽게 생각한다. 인자하고
너그럽고 훌륭한 분이었다며 마치 부정적인 면이 전혀 없는 완벽한
부모인 것처럼 말한다. 인간에게는 과거의 일을 회상할 때 나쁜 기
억을 지워버리고 좋은 기억만을 남기려는 성향이 있는데 이것을 므
두셀라 증후군이라고 한다.

그런데 부부관계나 자녀와의 사이에 문제가 생겼을 때 많은 경
우 문제의 뿌리는 나와 원부모와의 관계에 있다. 그래서 어떤 아버
지, 어머니 밑에서 자랐느냐를 분석하는 것이 치유를 위해 매우
중요하다. 문제의 근원을 알면 아버지, 어머니뿐만 아니라 부부, 나
아가 자녀들과도 관계가 좋아지고 하나님과도 친밀해진다.

치유를 위해서는 먼저 육신의 아버지를 객관화하고 냉정하게 평
가해야 한다. 하나님을 하나님 아버지라고 부를 때 자신도 모르게
우리가 경험한 육신의 아버지를 통해서 하나님 아버지를 해석하려
고 하는 경향이 있다. 그래서 육신의 아버지와 관계가 좋지 않았던

사람은 하나님 아버지를 신뢰하며 친밀감을 갖기 어려울 수 있다.

차라리 하나님 어머니라고 했으면 받아들이기 쉬울지도 모른다. 어머니는 대개 부드럽고 따뜻하고 헌신적이기 때문이다. 물론 좋은 아버지를 두었다면 그 인생은 축복받았다고 할 수 있다. 그러나 물질의 필요를 공급해 주었을지라도 약속을 어겼을 수 있고, 신체적인 학대는 없었을지라도 정서적인 공백을 주었을 수 있으며, 지나친 간섭으로 자녀를 무기력하게 했을 수 있다. 또 자녀에게는 잘해 주었을지라도 어머니와의 관계가 좋지 않았을 수 있다.

3대 가정문제는 외도, 술(중독), 폭력인데 이런 문제에서 자유롭지 못한 가정이 많다. 어릴 때 충격적인 일을 경험하면 지각능력이 떨어지고 심하면 정신적인 문제가 일어날 수도 있다. 그래서 어릴 적에는 가능한 한 충격적인 일을 겪지 않는 것이 좋다.

특히 부모가 서로 갈등하고 싸우는 것을 경험한 아이들이 느끼는 공포감은 사형수가 처형 직전에 느끼는 그것과 맞먹는다고 한다. 또한 과도한 기대 또는 무관심한 방치로 인해 마땅히 보호받고 사랑받지 못했을 경우 그 상처는 평생 그 사람의 인생을 어렵게 만든다.

'나는 절대 그렇게 살지 말아야지' 생각하지만 상처를 치유하지 않으면 이것 또한 대물림된다.

■■■■ 성취 지향적 아버지

이전 세대의 부모들은 먹고사는 것, 생존을 위한 세대였다고 해도 과언이 아니다. 특히 베이비부머 세대(1955~1963년 생)는 전쟁의 폐허 속에서 가난을 극복하는 것이 최대 과제였다. 그들의 수고와 땀으로 한국이 이 정도까지 발전하고 경제대국이 되었음을 부인할 수 없다.

이들은 자녀를 키울 때 적성보다는 안정적인 수입과 존경을 받을 수 있는 직업, 특히 의사, 변호사, 교수와 같은 전문직을 선호했다. 이러한 시대적 배경 때문에 그들의 자녀는 부모의 과잉기대 속에 자라났고, 특히 장남과 장녀의 경우 부모의 역할 분담까지 떠맡는 경우도 종종 있었다.

성취 지향적인 아버지를 둔 자녀들은 하나님과 부모에게 인정받기 위해 큰 압박감을 갖고 살아간다. 그래서 마음속에 두려움, 우울감이 생기는데 그 원인이 바로 부모의 성취 지향적인 태도에 있다. 이런 자녀들은 완벽주의자가 될 확률이 높은데 완벽주의자들은 외모, 성공의 강박관념에 사로잡혀 살게 된다.

성취 지향적인 부모는 자녀가 열심히 공부해서 2등을 했어도 "조금만 더 노력하면 1등 할 수 있겠다!"라고 말하거나, 1등을 했을 때는 "다음엔 전국 1등을 하라"고 말하기도 한다. 그들은 만족과 안주 그리고 쉬는 것에 죄책감을 느낀다.

몇 년 전 전교 2등 하던 학생이 자살한 사건이 일어났는데 "나는 도저히 부모님을 만족시킬 수 없을 것 같아서"가 그 이유였다. 이런 성취 지향적 강박관념은 자녀의 미래를 어둡게 만든다.

▬▬ 권위적인 아버지

유교는 우리의 가족체계를 가부장적인 제도로 만들었다. 《공자가 죽어야 나라가 산다》라는 책도 있듯이 유교는 권위, 체면을 중요시 한다. 권위적인 아버지는 자녀와의 관계에서뿐만 아니라 부부관계에서도 평등보다는 상하존속의 관계를 유지하려고 한다.

아버지가 모든 것을 결정하다 보니 평생 존중받거나 소신껏 살아보지 못한 어머니는 울화병이 생기고, 아버지에게 억압과 통제를 받아온 아들은 불만족과 절망감을 느낀다. 아들은 오랫동안 그런 감정을 숨기고 있다가 결국 어느 시점에서 화산처럼 폭발한다.

딸은 여성들을 비하, 무시하는 아버지의 태도에 적대감을 가지고 살다가 결혼을 도피 수단으로 생각하여 결혼하기도 한다. 딸이 성공하기 위해서는 아버지의 지지와 격려가 필수라는 최근 조사결과도 있다. 사람을 너무 억압하거나 통제하는 것은 결국 가족 모두를 불행하게 만든다.

최초의 청소년 특별법원을 만든 공로로 노벨 평화상을 수상한 제인 애덤스는 자녀 교육의 황금률에 대해 설명하면서 "아이가 엄마와 이야기하려고 하면 오븐에서 음식이 타더라도 대화를 나누십시오! 아이가 아빠와 이야기하고 싶어 하면 가게를 1시간 늦게 열더라도 자녀와 대화하십시오!"라고 말한다.

이런 자세만 되어 있다면 훌륭한 부모라고 할 수 있다. 무언가를 물어보려는 아이에게 바쁘거나 귀찮다는 이유로 무시하거나 짜증을 내면 어려움을 참지 못하는 나약한 아이로 자라게 된다. 음식을 태우는 한이 있어도 아이의 말에 귀를 기울이는 부모 밑에서 자라난 아이는 강건해질 수 있다. 이처럼 부모와 소통, 공감, 정서적 교감이 잘되는 사람은 자존감이 높아지고 인생에 대한 행복지수가 높아진다.

아이가 실패하거나 잘못을 저질렀을 때 먼 과거의 일까지 들추어 질책하거나 실망하는 모습을 보이는 부모 밑에서 자란 아이는 성공하기 어렵다. 어릴 적부터 듣던 비난에 대한 두려움이 모든 도전을 거부하게 만든다. 실수나 실패를 했을 때 부모가 의연하게 대처하고 변함없는 믿음을 보여 주면 아이는 자신감을 갖는다. 실패를 두려워하지 않고 더 큰 도전을 향해 뚜벅뚜벅 걸어갈 힘과 용기를 축적한다. 그러면서 성공을 맛보게 되고 긍정의 학습효과가 생겨 더 위대한 삶을 살게 되는 것이다.

▬▬ 무능한 아버지

자녀들에게 큰 기대도 걸지 않지만 그렇다고 크게 꾸중을 하지도 않는다. 한 지붕 밑에 살지만 그저 무관심과 방치 속에 기뻐도 슬퍼도 감정을 표현하거나 애정 어린 대화를 할 줄 모른다.

공감 능력이 떨어져 자녀들은 유약한 자아상을 갖게 된다. 자신감이 없으니 성공하지 못하고 좌절과 패배의식에 사로잡힌다.

성향과 기질 탓도 있겠지만 유교적인 영향을 받으며 자라온 세대는 애정 표현을 부끄럽게 생각한다. 또한 자신도 부모에게 그런 대우를 받아본 적이 없기 때문에 어떻게 소통하고 애정을 표현해야 하는지 잘 모르는 경우가 많다.

무능한 아버지의 또 다른 폐해는 가난의 문제인데, 가난은 아이들에게 깊은 수치심과 좌절을 안겨 주기 때문에 의기소침하고 무기력한 사람이 되기 쉽다. 그리고 자신이 어려울 때 지켜 주지 못한 부모에 대한 불신이 이 세상에 대한 불신으로 이어질 수 있다.

▬▬▬ 학대하는(폭력적인) 아버지

아버지의 학대는 자녀의 신뢰감을 심각하게 손상시키며 그의 남은 인생에 악영향을 끼친다. 학대받은 사람의 내면에는 수치심과 함께 자신이 무가치하다는 생각이 있는데 그 저변에는 무시무시한 분노가 깔려 있다. 특히 다른 권위자도 불신하게 만든다.

또한 대부분의 알코올 중독자들은 폭력적인 남편이나 아버지가 된다. 술의 힘을 빌려 폭력을 휘두름으로써 자신의 존재를 과시하는데 피해자인 가족에게는 늘 두려움과 분노, 슬픔이 따른다.

1. 성적인 학대

여성의 경우 자기 신체에 대해 수치심을 느끼고 비하하거나, 자신이 성적으로 매력적일 때에만 가치 있다고 생각하는 잘못된 믿음을 심어 준다.

2. 신체적 학대

훈육의 목적 없이 화가 난 상태로 때리는 것을 말하는데, 특히 본인이 학대를 당하지 않더라도 엄마가 맞는 장면을 보며 자라온 자녀는 자신이 폭력을 당하는 것만큼의 커다란 손상을 입는다.

3. 언어폭력

언어폭력인 비난과 욕설을 지속적으로 들으며 성장한 아이들은 평생 지울 수 없는 상처를 안고 낮은 자존감을 가지고 인생을 살아가게 된다.

4. 신체적 유기, 방치

부모의 부재, 맞벌이 부부 또는 부모의 정신적인 문제로 아이들을 홀로 내버려둘 때 생기는데 이때 아이는 신체적으로나 감정적으로 버림받았다고 느낄 수 있다.

제2차 세계대전을 일으키고 600만의 유대인을 학살한 히틀러의 아버지는 알코올 중독자였다. 장남인 히틀러가 열다섯 살이 되던

해 죽었는데 그때까지 아들을 때렸다고 한다. 또한 6000만 명을 죽음으로 내몰았던 스탈린도 장남이었는데 그의 아버지는 툭하면 술에 취해 심하게 매를 때렸다고 한다. 스탈린의 아버지는 스탈린의 나이 열한 살 때 다른 사람과 싸우다 칼에 찔려 죽는다. 스탈린, 히틀러가 가졌던 잘못된 사상과 그들이 일으킨 전쟁으로 수많은 사람이 죽었는데 그들은 말년에 정신이상이 된다. 이 두 사람의 공통점은 모두 아버지에게 심한 학대를 받았다는 사실이다.

||||||||||||| 아버지 또는 어머니의 부재

아버지 부재는 자녀가 성인이 되기 전에 사망하거나 외도, 이혼으로 가정을 떠난 아버지를 말한다. 또한 아버지와 함께 살아도 경제적인 파산이나 알코올 중독으로 아버지의 역할을 제대로 못하거나 병상에 오래 누워 있거나 학대하는 아버지를 둔 경우 '차라리 없었으면…' 하는 마음을 갖게 되는데 이것 역시 또 다른 형태의 아버지 부재다.

아버지 부재는 아이의 인격에 불균형을 초래하고, 모성애의 부족은 아이를 평생 내적 불행에 시달리게 한다. 버림받는 것에 대한 두려움과 아버지의 부재로 생기는 정서적 공백, 공허함을 메우기 위해 중독에 빠지기 쉽고, 성공했는데도 스스로 좌절감에 빠지기도

한다. 또한 아버지에 대한 친밀감이나 부성애에 대한 갈망이 동성 애적인 요소로 나타나기도 한다.

아버지가 부재하거나 영향력이 적다면 아이는 정체성과 독립성 을 확립하지 못하고 모든 것을 어머니 중심으로 생각하고 행동하게 된다. 한창 성장기에 있는 남자아이는 아버지의 존재를 충분히 경 험하지 못하면 어머니의 보호 아래서 강한 남자의 특징인 용기와 열정이 발현되기 어렵기 때문에 사내아이로서의 욕구가 정지된 상 태에 머물 수 있다.

아버지의 부재 또는 아버지가 그 역할을 제대로 하지 못하면 딸 역시 여성성을 제대로 발휘하지 못하게 된다. 신체 노출에 거리낌 이 없거나 지나치게 이른 나이에 연애를 시작하고 연예인들에게 집 착하는 것도 아버지의 부재로 인한 사랑의 결핍 현상일 수 있다.

아버지 부재의 경험을 가진 사람은 하나님께 버림받지 않으려고 열심히 종교생활을 하는 종교 중독적 성향을 보이기도 한다. 친아 버지처럼 하나님도 나를 버리고 떠나는 것이 아닌가 하는 두려움이 있는데 그러한 종교생활에는 만족과 쉼, 기쁨이 없다.

현대 공산주의의 창시자이자 반기독교학자인 칼 마르크스는 자 신의 부친을 경멸했고 "기독교의 파멸은 지구 전체의 행복을 위한 전주곡"이라는 말까지 했다. "신은 죽었다"고 말했던 니체도 그의 아버지가 그의 나이 네 살 때 죽었고, 지구상에 성경을 다 없애 버리겠다고 공언한 볼테르는 자신의 아버지를 배척하여 성까지도 바꿔 버렸다.

이들의 공통점은 모두 아버지의 부재를 경험한 사람들이었다는 것이다.

|||||||||||||| **어머니 치유**

"여자는 약하나 어머니는 강하다"는 말처럼 이 세상에서 가장 강한 사랑은 모성애일 것이다. 아기 때문에 밤에 잠을 자지 못해도, 산후 후유증으로 몸이 회복되지 않아도 아기가 태어난 후 일정기간 동안 어머니는 아기와 한 몸처럼 반응한다.

또한 0~6세 아이의 인격 발달은 매우 중요한데 어머니와의 관계는 세상으로 나가는 관문이 되기 때문이다.

예를 들어 아기가 배고파 울 때 어머니가 이에 바로 반응하여 젖을 물리거나 우유를 주어 배고픔을 해소해 주면 아기는 세상은 살 만한 곳이라는 생각을 갖게 된다. 그리고 어머니의 부드러운 말과 손길을 경험하고, 이것이 반복되면 아기는 세상에 대한 신뢰와 기대를 갖는다. 그러나 악을 바락바락 쓰고 울지 않으면 들어주지 않거나, 따스한 애정의 말과 손길로 양육되지 않을 때 그 아이는 점점 세상을 불신하게 되고 자신의 무능력함을 느끼게 된다.

만약 당신이 지금 사람들에게 무언가를 요구하면 그들이 잘 들어줄 것 같은가, 아니면 잘 들어줄 것 같지 않은가? 바로 그 느낌이 세상을 바라보는 나의 마음일 수 있다. 이것은 양육자(주로 어머니)에게서 받은 반응과 감정에서 나온다.

대체로 어머니에게 받는 상처는 아버지 상처에 비해 미약하지만 어머니에게 우울증과 같은 정신적인 문제가 있었거나 아버지 부재로 생계를 책임지기 위해 아이들을 돌보지 못했거나 이혼과 같은 문제가 있다면 자녀에게 깊은 상처를 남길 수 있다.

이런 어머니 밑에서 자란 여성인 경우 결혼해도 자녀를 갖기 원하지 않거나 아이가 태어나도 함께 놀아 주려고 하지 않을 수 있다. 따라서 자녀들에게 낮은 자존감과 애정결핍의 문제가 대물림될 수 있다.

속담을 말하는 자마다 네게 대하여 속담을 말하기를 어머니가
그러하면 딸도 그러하다 하리라 / 겔 16:44

정신의학에서 인간이 행복을 느끼기 위해서는 사랑하고 사랑받고자 하는 욕구를 충족해야 한다고 한다. 그리고 나 자신이 스스로에게 그리고 다른 사람들에게 가치 있는 존재라고 느껴져야 한다는 것이다. 이것은 사실 부모가 자녀에게 해 주어야 할 가장 중요한 사항이다. 이렇게 자녀들을 사랑하고 받아 주고 믿어 주고 축복해 주는 것은 자녀에게 평생의 자산이 된다. 하나님은 모든 아버지와 어머니가 하나님과 같은 사랑을 자녀들에게 보여 주기를 원하시지만 많은 부모들이 실패한다.

그렇다면 우리가 부모에게 받은 상처를 어떻게 극복하고 치유해 나갈 수 있는가? 먼저 나의 아버지가 나를 거절하고 나의 어머니가 나와 함께 시간을 보내 준 적이 없었을지라도 하나님은 나를 항상 사랑하고 원하신다는 사실을 마음에 새겨두어야 한다. 또한 하나님 아버지는 우리를 오해하거나 결코 거절하는 일이 없으시다는 진리를 기억해야 한다.

우리가 하나님 아버지를 찾을 때 그분은 우리를 한쪽 구석으로 밀어붙이며 "기다려, 나는 지금 바빠"라고 말씀하시지 않는다. 그분은 언제나 "나는 네게 관심이 있어. 어서 와라. 너를 오랫동안 기다려 왔단다"하며 친절하게 말씀하신다. 우리는 하나님께서 돌보시는 우주만물 중에서 가장 특별한 사랑과 관심의 대상이기 때문이다.

육신의 부모님에 대해 불행한 기억을 갖고 있거나 아버지, 어머니에게 받은 상처 때문에 온전히 부모님을 공경하지 못하는 사람이 있다. 이미 있었던 일을 되돌릴 수는 없지만 우리는 그들을 용서하고 하나님 사랑으로 그 공허함과 아픔을 씻어 내고 채워야 한다.

평생 아버지에 대한 쓴 뿌리와 증오로 죄짐을 짊어지고 살아온 한 남자는 하나님의 은혜를 경험하고 아버지가 묻힌 묘지까지 비행기를 타고 수백 킬로미터를 날아가 묘비 앞에서 뉘우치고 회개했다. 그때부터 패배와 절망으로 가득 찼던 그의 삶은 승리와 성취감으로 변화되었다고 한다.

우리에게는 하나님 아버지가 계신다. 그분은 우리를 사랑하시고 이해하시며 우리의 장점을 귀하게 여기시고 우리에게 가장 좋은 것을 계획하고 계신다. 그리고 무엇보다도 그분의 자녀인 우리와 항상 함께하신다. 그 사실을 인식할 때 상처의 아픔은 하나님의 변함없는 사랑으로 치유되어 갈 것이다.

> 내가 너희를 고아와 같이 버려두지 아니하고 너희에게로 오리라
> / 요 14:18

상처로 생긴 부정적인 태도를
평화로 바꾸어 주시는 예수님의 초청을 받아들이면서 그분께 나아갈 때
우리를 속박하는 내면의 상처가 치유되고
수치, 증오, 두려움과 같은 부정적인 감정에서 자유로워진다.

Chapter 6

억압된 기억의 치유

-

문제를 직면하고
용서하라

주부들의 스트레스 지수가 높아지는 명절, 이제는 백화점 직원들도 명절에 한복 대신 정장을 입고 판매한다고 한다. 그 이유는 주부들이 한복을 보는 순간 명절에 안 좋았던 부정적인 기억을 떠올리기 때문이라고 한다.

당신은 어떤 기억이 있는가? 하나님도 기억하시지 않는 과거의 상처와 아픔을 자주 떠올리며 힘들게 살고 있지는 않은가? 일상의 삶 속에서 드러나는 상한 감정에서 좀처럼 벗어나지 못한다면 억압된 기억의 치유가 필요할 것이다.

ииииииии   **기억의 메커니즘**

> 그들은 각자 자기 이웃에게 또는 자기 형제에게 더 이상 '여호
> 와를 알라' 하고 말하지 않을 것이다. 이는 가장 작은 사람들부
> 터 가장 큰 사람들까지 그들 모두가 나를 알 것이기 때문이다.
> 내가 그들의 죄를 용서하고 그들의 죄를 더 이상 기억하지 않을
> 것이다. 여호와의 말이다. / 렘 31:34, 우리말성경

'기억하다', '기억을 상기시키다'라는 단어는 성경에 250번 나온
다. 75번은 하나님과 관련된 것인데, 주로 그분의 언약 혹은 그의
백성에 관한 것이고, 나머지는 실수와 같은 것들을 기억하지 말라
고 하는 내용이다.

인공지능(AI)이 눈부신 발전을 거듭하고 있다. 심장과 폐는 인공
으로 만들어서 대치할 수 있지만 아직 두뇌는 인공으로 대치할 수
없다고 한다. 죽음의 공식적인 정의가 뇌사인 것처럼 뇌는 생명이
있는 한 끊임없이 움직인다. 두뇌에는 130억 개의 신경세포들이 있

고 대부분의 세포들은 5000개의 신경세포들과 연결되어 있으며, 이런 두뇌의 조직 안에 기억이 뿌리내리고 있다. 우리는 그것을 마음의 일부분이라고 말하기도 한다.

하버드대 심리학과 교수이자 《기억의 일곱 가지 죄악》의 저자 대니얼 섹터(Daniel Schacter)에 의하면 인간의 두뇌는 잉태 후 6~8주부터 자신에게 일어난 모든 일을 기억한다고 한다. 그리고 우리의 경험들은 단어가 아닌 그림으로 기억되며, 인간은 좋은 일보다 나쁜 일을 더 생생하게 기억한다고 한다.

우리에게 일어난 일들의 상당량이 기억 속에 남아있지만 기억을 하지 못하는 이유는 그 기억을 의식화하지 못하기 때문이라고 한다. 기억에는 단기 기억과 장기 기억이 있는데 감정적 치유와 관련된 기억으로 우리가 주목해야 할 것은 장기 기억이다. 장기 기억에는 과정적 기억, 언어적 기억, 삽화적 기억이 있다.

1. 과정적 기억(Procedural memory)

신체가 움직이기 위해 필요한 것들을 저장하는 장소로서 자동차 운전, 자전거 타기와 같은 운동기술, 분노, 수치, 죄책감과 같은 부정적인 감정과 삶의 경험에 대한 반응인 감정적 반사작용을 관장한다.

2. 언어적 기억(Semantic memory)

단어와 논리에 근거한 사실과 정보에 대한 기억을 말하며 학교에서 배운 지식과 TV와 뉴스에서 보고들은 것, 교회에서 들은 말씀, 성경지식 등이 이에 속한다. 우리는 이러한 정보가 보관되어 있는 언어적 기억창고에서 필요한 정보들을 규칙적으로 호출한다.

3. 삽화적 기억(episodic memory)

우리 삶에 가장 영향을 주는 기억으로 그림에 근거한다. 느낌과 감정 그리고 관계 및 개인적 경험에 대한 기억으로 감정적, 영적 치유를 위해서는 삽화적 기억을 다루어야 한다.

감당 못할 기억을 차단해 주는 기억 매장 시스템[10]

자살하고 싶은 충동과 우울 증세가 반복되는 청년이 자신의 치료 과정에서 알게 된 사실이 있다. 어머니가 자신을 임신했을 때 가족 중 한 사람이 자살하는 것을 목격했던 것이다. 그가 직접 본 것은 아니지만 태내에서 어머니와 함께 목격한 충격적인 사건에 대한 기억의 치유를 통해 그는 회복되었다.

이처럼 태아와 갓난아기들은 우리가 생각하는 것보다 훨씬 더 많은 것을 보고 듣고 기억한다고 알려져 있다.

아기는 자신을 돌봐주는 사람들과 교제할 수 있으며 분명한 단어를 몰라도 인식한 것을 체계화시킬 수 있다고 한다. 또한 자신을 대하는 어머니(양육자)의 태도와 어머니와 아버지의 관계가 태아와 아기에게 가장 큰 영향을 준다고 한다.

이러한 지식을 통해서 태교의 중요성을 다시 한 번 생각하게 되는데, 잉태의 시점을 나이로 환산하는 우리나라 계산법에서 태교를 중요시하는 조상들의 지혜를 엿볼 수 있다.

> 보라 네 문안하는 소리가 내 귀에 들릴 때에 아이가 내 복중에
> 서 기쁨으로 뛰놀았도다 / 눅 1:44

학자들에 의하면, 인간의 두뇌에는 나쁜 감정들을 정규적으로 매장시키는 시스템이 내재되어 있다고 한다. 이것은 해로운 감정 때문에 우리 자신이 몰락하는 것을 막고 건강하게 살아가도록 도와주는데, 자동차 추돌사고와 같이 큰 사고를 당했을 때 그 순간 기억이 차단되는 것도 이에 해당한다. 과부화가 일어나면 전기회로의 퓨즈가 끊어지듯 감당 못할 기억들을 차단해 주는 은혜로운 기능이기도 하다.

그런데 엄청난 사건과 사고를 당하면 흔히 '시간이 지나면 잊히겠지'라고 생각하지만 그 기억은 우리 마음속 깊이 각인되어 잠재

의식 속에 있다가 극심한 스트레스나 안 좋은 상황에 놓이게 되면 수면 위로 모습을 드러내 우리를 고통스럽게 한다. 과거의 일이지만 그 사건과 사고에 대한 기억과 반응(감정과 느낌)은 우리 뇌에 저장되어 있기 때문이다.

전쟁에서 수많은 죽음을 경험하고 구사일생 살아 돌아온 참전용사들에게 평생 따라다니는 트라우마도 이에 해당되는데, 떨쳐버릴 수 없는 힘든 기억으로 인해 피폐한 인생을 살거나 가족까지 영향을 받게 되는 것을 영화 등을 통해서도 종종 볼 수 있다.

2011년 동일본 대지진 때 쓰나미로 인해 1만 8000천 명의 사상자가 나왔는데 그 시체를 수습하는 일에 가담했던 일본 의사들에게 정신착란 증상이 나타났다는 이야기는 유명하다.

이처럼 감당하기 어려운 충격적인 일을 당하여 영혼이 억압될 때 악한 세력이 우리 안에 들어올 수 있다. 또한 감당하기 어려운 일을 통하여 생긴 부정적인 감정(거절감, 두려움, 슬픔, 용서하지 못함, 분노, 낙담, 실망, 절망 등)을 해소하지 못할 때 육체의 질병을 일으키고 심할 경우 믿음으로 치유받는 것도 상당히 어려워진다. 이렇게 기억의 치유가 필요한 사람들에게 나타나는 특징은 다음과 같다.

1) 특별히 그럴 만한 상황이 아닌데 격한 감정적인 반응을 나타낸다.
2) 자신의 감정의 소리를 들으려 하지 않고 무시한다. 고통을 무시하

면 완전히 없어지는 것으로 착각한다.

3) 영적인 가면을 쓰고 이 가면에 맞춰 살려고 애쓴다. 교회 봉사, 성
   경봉독, 제자훈련과 같은 일과 사역에 몰입하지만 정작 주님을 바
   라보지 못한다.

4) 마음의 병, 내적 고통은 내가 옳다고 생각하는 것을 더 열심히 분
   투하고 실천하면 해결된다고 생각한다.

|||||||||||||| **억압된 기억의 치유**

이 집사는 열 살 때 어머니를 여의고 수년간 아버지와 둘이서만
살았다. 아버지는 알코올 중독자였고 이 집사를 학대했다. 그리고
낯선 여자들이 줄지어 집으로 왔다. 그에겐 집안일 등 과다한 책임
이 지워졌다. 그는 고독한 아이가 되었다.

"나는 행복한 시간에도 좋은 감정을 느끼는 것을 허용하지 않았
어요. 그 감정이 오래 지속되지 않을 것임을 알았기 때문이지요. 그
리고 생존해야 했기 때문에 우는 것이라든지 슬픔에 잠기는 것을
허용하지 않았죠⋯. 그런데 그렇게 이를 악물고 독하게 살다 보니
감정을 느끼는 것이 두렵고 지금은 어떻게 느끼는지조차 모를 정도
로 무감각해졌습니다."

이 집사에게는 억압된 기억과 감정의 치유가 필요하다. 인간의

내면은 깊은 우물과 같아서 수면 밑 세계와 접촉하려면 기억을 호출해야 하며, 이것은 성령의 도움을 받아야 한다. 우리의 기억을 캡슐에 비유한다면, 캡슐 안에는 사건의 진실과 발생 당시 우리가 느낀 감정이 담겨 있다. 안 좋았던 경험을 떠올리게 하는 일이 현실에서 일어날 때 그와 관련되어 내장된 캡슐은 수면 위로 갑작스럽게 떠오르게 된다.

캡슐 안에 있는 것이 해로운 감정이라면 치유를 위해 캡슐의 내용물을 처리해야 할 필요가 있다. 사건 자체는 변화시킬 수 없지만 우리의 감정과 생각은 변화시킬 수 있기 때문이다. 감정을 처리하기 위해서는 먼저 캡슐을 개봉해야 하며, 사건 당시에 느낀 감정을 추적하여 예수님의 사랑과 용서의 능력 안에서 이런 감정을 처리해야 한다.

잊어버리고 싶은 기억과 감정이 담긴 캡슐을 개봉하지 않고 억압하다 보면 삶 속에서 많은 감정적, 정신적 에너지를 소모하게 된다. 이것은 물놀이 공을 물속에 넣어 보려고 애쓰는 것과 같다. 평소에 억압된 그 기억들은 수면 아래 잠겨 있다가 질병이나 불행한 결혼생활, 자녀 문제 같은 형태로 다시 나타나기도 한다.

사람들은 보통 부정적인 기억들을 갖고 사는 것을 좋아하지 않기 때문에 그러한 기억들을 억압하거나 눌러 버리려고 하지만 기억은 무시하거나 억압한다고 해서 결코 치유되거나 사라지지 않는다는 사실을 기억하라.

누구나 자신의 아픈 상처를 다시 직면하기 원하지 않는다. 사탄은 우리가 과거의 부정적인 기억들을 대면하는 것을 끊임없이 방해하는데 왜냐하면 과거에 대한 충격과 막연한 두려움을 통해 우리를 조종하거나, 잘못된 정보에 의한 거짓 믿음에 속아서 분노와 증오와 자기비하와 죄책감 속에 살도록 하려고 하기 때문이다.

아픈 상처의 기억을 끌어내는 것은 감정적 수술과도 같다. 육신의 상처도 잘 치료하지 않고 방치하면 2차 감염이 되어 점점 악화되듯이 감정적인 상처들은 보통 우리의 의식 아래에 있지만 때로는 현실 속에서 '과잉반응'이라는 형태로 나타난다. 상한 감정의 치유에 대해 여러 권의 책을 쓴 데이빗 씨맨즈(David Seamands)는 말한다. "당신이 받은 자극보다 더 심한 반응을 한다면 아마도 당신 안에 깊이 숨겨진 감정적인 상처들을 건드렸을 것이다."

|||||||||||||||||| **기억 치유의 감정적인 요인들**[11]

1. 과잉반응
학대와 폭력은 육체적이건 감정적이건 성적이건 한 개인에게 엄청난 손상을 준다. 그리고 그 아픈 사건으로 초래된 감정적, 영적인 과잉반응은 피해자들에게 더욱 심각한 손상을 입힌다.

기도학교를 마치고 나가려고 하는데 눈가에 눈물이 맺힌 한 집사님이 찾아왔다. 그 집사님은 어릴 적 삼촌에게 성추행을 당했는데, 그 기억으로 고통당하고 있었다. 가까운 가족에게 당한 너무나 충격적인 일이기에 집사님은 수십 년 간 진실이 아니라고 부인하며 살아왔다. 또한 어릴 적에 어머니에게 이 사실을 고백했을 때 아무에게도 말하지 못하게 했다. 그런 어머니의 반응은 자신이 그 사건에 책임이 있다는 메시지로 받아들이게 했다.

그러나 강의를 통해서 그 기억을 떠올렸을 때 분명 그것은 일어났던 사건임과 함께 자기에게 잘못이 없었다는 것을 자각하게 되었다. 그동안 자신을 괴롭혔던 우울증과 주위 사람들을 괴롭혔던 이름 모를 히스테리의 원인이 그때 그 사건 때문이었음을 확실히 알게 되었다는 것이다.

집사님의 아픈 이야기를 다 들은 후 함께 가해자를 용서하는 기도를 했다. 그리고 가해자에게 편지를 쓰기로 했다. 대면하여 말할 경우 상대방이 부인할 가능성이 크고 편지의 목적이 상대방을 비난하려는 것이 아니라 그 사건으로 인해 생긴 집사님의 상처와 아픔을 표현하는 것이 치유에 도움이 되기에 그렇게 했다. 그 후 집사님은 점차 회복과 자유함을 누리게 되었다.

2. 자신을 대적하는 부정적인 감정

자신에 대한 부정적인 태도와 감정은 가까운 사람들에게 받은 상처 때문이다. 피해자임에도 불구하고 자신에게 잘못이 있다고 생각하기도 하는데 그때 내면은 "바보 같은 놈! 못난 놈! 그렇게 칠칠맞게 행동하니 그런 일을 당하지! 창피한 줄 알아라!"와 같은 음성을 듣게 된다.

이렇게 자신을 폄하하는 부정적인 언어를 되뇔 때 우리 영혼에 깊은 영향력을 행사하게 되고, 누군가가 시작한 이 말은 그 가정에서 세대를 이어 반복된다. 데이빗 씨맨즈는 "사람들은 수많은 찬사는 쉽게 망각하면서도 단 한 가지 비판은 생생하게 기억한다. 사실 여부와 관계없이 잠재의식 속에 받아들인 정보에 끊임없이 집착함으로써 지속적으로 자기학대를 하는 것이다"라고 말한다.

3. 분노를 품고 사는 문제

사람들이 상처를 받을 때 종종 분노와 복수심으로 반응하고 이 것은 쓴 뿌리와 우울증으로 발전한다. 이러한 태도는 자신의 내면에 엄청난 영적 쓰레기를 만든다. 하나님은 긴장이완제로 우리에게 분노를 허락하신다. 분노 자체는 죄가 아니며 예수님도 성전에서 장사하는 이들을 보시며 분노하셨다. 문제는 분노라는 감정 자체가 아니라 우리가 분노의 감정을 계속 품고 산다는 것이다.

분을 내어도 죄를 짓지 말며 해가 지도록 분을 품지 말고 마귀

에게 틈을 주지 말라 / 엡 4:26-27

4. 수치심과 죄책감과 기만

사탄은 부모나 다른 중요한 사람들의 입을 통해 "바보 같은 놈! 창피한 줄 알아라" 같은 말을 자주 내뱉게 함으로 수치심을 느끼게 만든다. 그리고 이미 하나님께 고백하고 용서받은 죄에 대해서 또 다시 죄책감의 수렁에 빠지도록 만든다.

"네가 무엇을 했는지 그 결과를 봐라", "네 탓이잖아… 너는 그 문제에 책임이 있어", "너는 영원히 이 문제의 책임에서 빠져나갈 수 없어!"라는 말을 반복하면서 죄책감에 사로잡히게 만든다.

사탄은 진실을 기만하여 나에게 책임이 있다고 속임으로 거짓 믿음을 가지고 살게 만든다.

5. 두려움의 부하격인 염려, 걱정, 공포

그러므로 염려하여 이르기를 무엇을 먹을까 무엇을 마실까 무

엇을 입을까 하지 말라 / 마 6:31

하나님은 다른 물질세계를 돌보시듯이 우리를 위해 모든 것을 마련해 주신다. 그러나 우리의 적 마귀는 우리 삶에서 일어나지도

않은 일들을 상상하여 미리 염려하게 만들고 우리가 통제할 수 없는 일에 안달복달하도록 한다.

남성보다는 여성에게 더 두려움이 많다고 한다. 이것은 뇌의 구조와 관련이 있는데 남성의 뇌는 한 번에 한 가지 일을 처리한다고 한다. 이런 이유로 단순하지만 깊이 파고들 수 있는 직종에 남성이 두각을 나타내는 것을 볼 수 있다.

반면 여성의 뇌는 한 번에 여러 가지를 할 수 있게 창조하셔서 멀티태스킹(Multitasking)에 능하지만 이런 이유로 사탄은 여성이 쓸데없이 많은 일에 예민하게 신경을 쓰고 염려하도록 공격하기도 한다.

예수님은 그때 거기 계셨다

하나님은 헌신적인 신자에게도 사고와 학대와 고난을 당하도록 허락하신다. 그도 그럴 것이 성경의 많은 믿음의 사람들은 하나같이 힘든 인생을 살았다. 그러나 그들은 아픔의 자리에만 머물지 않고 하나님을 바라보며 그 모든 고난을 극복했다.

우리도 삶 속에서 경험한 상처와 아픈 기억들을 치유하기 위해서는 예수님이 사건 당시 거기에 계셨다는 것을 인식해야 하며, 우리의 수치에도 함께 참여하신다는 것을 기억해야 한다.

저장된 기억들은 영상화를 통해 치유될 수 있는데 성령은 우리가 회상할 수 없었던 기억들을 호출할 수 있도록 도와주신다. 이때 가장 효과적인 방법은 무소부재하신 예수님과 함께 그 사건을 연상하여 우리 기억의 내면으로부터 예수님의 치유하심을 경험하는 것이다.

이처럼 기억의 치유는 기억 속에서 함께하신 예수님께 나의 부정적인 감정을 올려드리고 "원수 갚는 것이 내게 있으니 내가 갚으리라"(히 10:30) 약속하신 말씀대로 학대와 상처로 인해 우리에게 남겨진 모든 마음의 짐을 그분께 드리는 것을 말한다.

상처로 생긴 부정적인 태도를 평화로 바꾸어 주시는 예수님의 초청을 받아들이면서 그분께 나아갈 때 우리를 속박하는 내면의 상처에서 치유되고 수치, 증오, 두려움과 같은 부정적인 감정에서 자유로워지는 것이다.

> 수고하고 무거운 짐 진 자들아 다 내게로 오라 내가 너희를 쉬
> 게 하리라 / 마 11:28

그러나 기억을 호출한다고 해서 최면술을 사용해서는 절대로 안 된다. 그것은 악한 영들에게 문을 열어 주는 행위이기 때문이다. 기독교 가정에서 갑자기 돌아가신 아버지의 여러 가지 단서를 찾기 위해 무속인을 불러서 아버지를 부르는 초혼행위를 했다는 이야기를 들은 적이 있다. 무속인을 통해서 나온 음성이 아버지 목소리와

똑같아 가족 모두 울었다고 한다. 그 가족은 아버지가 그곳에 왔었다고 아직도 굳게 믿고 있었다. 이런 행위는 그 가정에 악한 영을 합법적으로 불러들이는 매우 위험한 일이다.

> 하나님은 나를 떠나서 다시는 선지자로도, 꿈으로도 내게 대답하지 아니하시기로 내가 행할 일을 알아보려고 당신을 불러 올렸나이다 / 삼상 28:15

선지자 사무엘 사후에 사울왕은 블레셋과의 전쟁을 앞두고 초조해지자 신접한 여인을 찾아가 사무엘을 불러낸다(삼상 28장). 이런 방법은 하나님이 가증히 여기시는 것이기에 알지 못하고 행했다면 반드시 회개해야 한다. 예수님만이 우리의 길이요 진리요 생명이다. 다른 문을 통해 초자연적으로 들어가는 자는 빛이 아닌 어둠에 빠지게 된다.

|||||||||||||||| **기억의 치유와 자유**

미국 풀러신학대학교 선교학과의 문화인류학 교수이며 내적 치유와 축사 사역의 세계적인 권위자 찰스 크래프트 교수의 이야기다. 오랜 세월 그리스도인으로서 특별한 어려움을 겪은 기억도 없

는데 그에게는 이유를 알 수 없는 불안과 두려움이 끊이지 않고 자신을 괴롭혀 왔다고 한다.

그러던 중 자신이 원하지 않은 임신으로 태어났다는 사실을 알게 되었고, 그로 인해 태중에 있었을 때 어머니에게 받은 첫 번째 신호가 거절감이었음을 깨닫게 된다. 그는 자신의 어떤 결점 때문에 거절당한 것이라 해석하게 되었고, 그 결과 나이 50이 될 때까지 습관처럼 불안과 두려움에 시달렸다고 한다.

원하지 않은 임신 때문에 어머니가 많이 괴로워하셨다는 사실도 알게 되었다. 임신 중에 그런 마음이 지속될 때 어머니 안에 두려움의 영이 임하고 자신에게는 거절의 영이 임한다는 영적 해석을 내리고 거절의 영을 물리치는 기도를 시작했다.

어머니를 용서하고 거절의 영을 대적하고 축사하니 평생 자신을 괴롭혔던 증상이 말끔히 사라졌다. 그 후 찰스 크래프트 교수는 우리가 미처 깨닫지 못하고 괴롭힘을 당하며 살고 있는 많은 고통의 배후에는 악한 영의 역사가 있다는 것을 알리고, 이러한 어려움을 겪는 사람들을 돕는 일을 하고 있다.

그의 간증을 읽을 때 내 마음에 걸리는 것이 있었다. 내 인생에 그림자처럼 따라다녔던 불안과 두려움의 근원도 크래프트 교수처럼 거절의 영 때문이 아니었을까? 어머니는 나를 임신했을 때 노이로제를 앓고 있었다. 신앙도 없는 어머니는 불면증에 시달렸는데 수면제를 오랜 기간 복용하던 중에 임신 사실을 알게 되었다.

지금 살아계시면 90이 넘었을 어머니는 당시에는 드문 일이었지만 대학을 졸업한 분이셨다. 약물의 부작용과 태아에 미칠 위험성을 잘 알고 있었을 터인지라 어머니도 무척 걱정하면서 힘든 시간을 보낸 듯하다. 그러니 당연히 어머니의 그 불안과 두려움이 태아인 나에게도 전이(轉移)되었을 것이다.

이런 기도제목을 가지고 여러 날 기도하던 중 나의 치유는 의외의 장소에서 일어났다. 그날은 공휴일이어서 남편과 막내딸과 함께 자전거를 타고 강변을 달리고 있었다. 나에게 이런 상처가 있다는 것을 인식하고 내 안의 우울감과 슬픔의 원인을 알게 되니 기억의 중압감으로 마음이 힘들었다. "주님 나를 도와주세요!" 수시로 기도했다. 그런데 갑자기 어떤 장면이 내 앞을 스쳐갔다. 그것은 내가 태아 때 어머니의 약물샤워를 받아 고통 받는 장면이었는데 그것을 대면하는 것은 무척 고통스러웠다.

그 다음 장면에서 예수님이 슈퍼맨처럼 나타나셨다. 주님은 나를 낚아채어 자신의 품에 안고 등진 채 그 약물샤워를 친히 맞아주셨다. 그 후 약물샤워가 멈추자 예수님은 웃는 얼굴로 나를 내려다보신 후에 마치 영화 〈뿌리〉에 나오는 쿤타킨테가 자기 아들을 높이 추켜올리며 기뻐하는 모습처럼 그렇게 나를 기뻐하시면서 높이 들어올리셨다.

순식간에 스쳐간 장면들이었지만 그때 나는 예수님이 나의 생명을 구하셨고 또 나를 그렇게 귀하게 여기며 사랑하신다는 사실에 눈물을 흘렸다. 생각해 보니 나의 어머니는 수면제 과다복용의 상태였지만 나를 지우지 않고 출산하셨다. 그리고 혹시 장애인으로 태어나지 않았나 하는 우려 때문에 나의 사지부터 살펴보았다고 하셨다. 그래서인지 어렸을 때 나는 몸이 많이 약했다. 그 이유를 알게 되었지만 그나마 아무 이상 없이 태어난 것은 예수님이 나를 지켜주셨기 때문이라는 사실을 깨달으니 눈물이 앞을 가렸다.

> 내가 모태에서부터 주를 의지하였으며 나의 어머니의 배에서부터 주께서 나를 택하셨사오니 나는 항상 주를 찬송하리이다
> ╱ 시 71:6

그리고 주님께서 나에게 보여 주신 또 하나의 장면이 있는데 그것은 어머니가 수면제 과다복용으로 태아에 대한 염려와 걱정을 혼자 껴안고 괴로워하는 모습이었다. 어머니는 자주 "너를 임신했을 때 엄청나게 많이 수면제를 먹었었다"고 농담조로 말씀하시곤 했었다. 그 말을 들을 때 내심 화가 났고 어머니에 대한 불신과 섭섭한 마음을 가지고 있었다.

사실 나의 어머니는 살가운 분은 아니었다. 정신적인 문제로 고

통을 받아서인지 매사에 자신이 우선인 분이었다. 그런 어머니의 모습을 보면서 좀 못 배우고 세련되지 못해도 살갑고 정이 많은 다른 집 어머니가 늘 부러웠다.

그런데 주님이 보여 주신 장면에서 어머니는 나를 염려하며 애달파했다. 그 누구보다도 모성애가 강한 모습이었다. 나는 그런 어머니를 오해했던 것과 어머니 살아생전에 더 사랑하지 못했던 것을 회개하고 용서했다. 그러자 내 안에 묶여 있던 응어리가 풀리고 오랫동안 집요하게 나를 괴롭혔던 불안과 두려움도 사라지는 것이 느껴졌다.

> 서로 친절하게 하며 불쌍히 여기며 서로 용서하기를 하나님이
> 그리스도 안에서 너희를 용서하심과 같이 하라 / 엡 4:32

이 땅에 세워진 수많은 십자가를 볼 때마다 우리는 기억해야 한다.
하나님은 우리를 어떤 상황에서도 용서하고 받아주신다는 사실을.

그리고 그 놀라운 십자가의 은혜를 아는 자들은
우리에게 죄 지은 자들을 동일하게 용서해야 한다는 사실도.

Chapter 7

◇◇◇◇◇

용서와 치유

－

고통의 터널을 통과해
죄 지은 자를 용서하라

영화 〈노블〉(Noble)은 《내 슬픔을 건넌 다리》를 쓴 크리스티나 노블(Christina Noble)의 일생에 대한 이야기다. 크리스티나 노블은 아일랜드 빈민가에서 태어났다. 알코올 중독자로 폭군에 가까운 아버지는 일을 하지 않아서 크리스티나와 동생들은 어릴 때부터 앵벌이를 시작했다. 그래도 어머니가 살아계셨을 때는 버팀목이 되어 주었는데 어머니마저 병으로 돌아가시자 동생들과도 뿔뿔이 흩어져 수녀원에서 어렵게 생활하게 되었다.

진취적이고 적극적인 성격의 크리스티나 노블은 17세 무렵 수녀원을 빠져나와 영국에서 일을 시작한다. 살 집이 없어 동네 학교에서 밤마다 몰래 잠을 자던 그녀는 동네 청년들에게 강간을 당하는 사건을 겪으면서 충격의 세월을 보낸다. 그 후 남편을 만나 결혼하고 아이들도 낳았지만 모든 생계를 책임져야 하는 노블에게 결혼도 안식처가 될 수 없었다.

그러던 중 신문이나 TV를 통해 베트남 전쟁의 참상을 보게 된 노블은 자신이 고아처럼 비참한 삶을 살았기에 그곳에 버려진 아이들에 대해 특별한 마음을 가지게 되었다. 자녀들도 성장하고 중년의 나이가 된 그녀는 1989년 베트남으로 떠난다. 고아를 하나둘 돌보게 되면서 의료시설과 쉼터와 학교가 설립되고 마침내 '크리스티나 노블 어린이재단'이 탄생했다. 그리고 베트남과 몽골에 있는 70만 명의 고아를 돌보게 된다. 그 후 크리스티나 노블은 전 세계에서 가장 존경받는 여성 20인에 선정된다.

영화를 보면, 크리스티나는 참으로 험난한 인생을 살았다. 식당 종업원으로 일해서 모은 돈 5파운드까지 훔쳐가 술을 마시는 아버지, 자신을 윤간한 사람들, 결혼 후 자신을 이용하는 남편…. 그녀는 이들을 원망하고 자신의 인생을 비관하며 살 수도 있었다. 하지만 그녀는 기막힌 고난의 시간 속에서도 자기 삶에는 하나님의 특별한 목적이 있다는 사실을 기억했다.

믿음의 사람에게 고난은 잔인한 게 아니라 오히려 은혜의 선물이 될 수 있다. 풍성한 삶을 사는 사람의 특징 가운데 하나는 지옥 같은 나날 속에서도 하나님의 선하심을 인정한다는 것이다. 하나님을 믿는다는 것은 무엇인가? 그분이 나에게 선하심을 믿는 것이다.

비록 내가 사망의 음침한 골짜기를 다닐지라도 하나님은 여전히 나를 돌보시며 내가 겪었던 고통을 자양분 삼아 나를 더욱 성장시키시는 분임을 믿는 것이다. 그리고 그분의 목적에 합당한 소명의 삶을 살아내도록 내 인생의 모든 과정을 통하여 합력하여 선을 이루실 분이심을 믿는 것이다.

데이빗 씨맨즈는 자신의 상담 경험을 이렇게 소개한다.

"나는 오래전에 복음주의적 그리스도인들이 겪는 정서적 문제의 주요 원인은 다음 두 가지라고 결론 내렸다. 하나는 하나님의 무조건적인 은혜와 용서를 받아들이지 못하는 것이고, 또 다른 하나는 그 무조건적인 사랑과 용서의 은혜를 다른 사람들에게 베풀지 못하는 것이다. 우리는 훌륭한 은혜의 말씀을 듣고 또 읽지만 그렇게 살지는 못한다. 문제는 은혜의 복음이 개인의 정서적 차원까지 뚫고 들어가지 못하는 것에 있다."

오랜 시간 신앙생활을 하면서도 하나님이 원하시는 풍성한 삶으로 나아가지 못하는 사람들을 많이 본다. 그들은 대체로 억압된 삶의 감옥 속에서 살며, 지난날의 실수 또는 아픈 상처 때문에 발목이 잡혀 하나님이 약속하신 미래로 나아가지 못한다. 그들이 영적 도약을 하는 데 최대 걸림돌 중 하나는 자신이 당했던 억울한 일들과 가해자를 용서하지 못하는 것에 있었다.

죄사함의 은혜와 용서의 상관관계

> 만일 너희가 진심으로 자기 형제를 용서하지 않는다면 하늘에
> 계신 내 아버지께서도 너희에게 이와 같이 행하실 것이다.
>
> ╱ 마 18:35, 우리말성경

마태복음 18장에는 용서할 줄 모르는 종의 비유가 나온다. 주인에게 1만 달란트의 빚을 탕감받은 종은 자신에게 겨우 100데나리온 빚진 자를 용서하지 못하는데, 그 이야기를 들은 주인이 화가 나서 종을 옥졸들에게 넘겨 주며 빚진 것을 다 갚을 때까지 감옥에 가뒀다는 이야기다.

이 비유는 예수 그리스도께서 십자가에서 죽으심으로 나의 모든 죄를 대속하신 값을 길 없는 은혜를 받은 우리가 삶 속에서 다른 사람들을 용서하지 않는다면 죄사함의 은혜를 누릴 수 없을 뿐더러

결국 자신의 영적 감옥에 갇혀 고통의 세월을 보낸다는 뜻이다.

하나님께 자신의 죄를 고백했지만 자유함을 느끼지 못한다면 머리로는 용서를 받은 줄 알지만 감정은 결코 자유롭지 않다는 것인데, 이렇듯 우리가 진정으로 죄사함의 은혜를 맛보지 못하는 원인이 다른 사람을 용서하지 못하는 것과 관련 있다.

사실 용서는 인간의 자연스러운 성향이 아니다. 죄성을 가진 우리는 "눈에는 눈, 이에는 이"가 자연스러운 성향이다. 따라서 우리에게 상처를 주고 손해를 끼친 가해자를 올바로 용서하려면 하나님의 도움이 필요하다. 하나님이 우리의 마음을 다스려 주시도록, 그리고 십자가에 달리신 예수님의 눈으로 나에게 해를 끼치고 어려움을 준 사람들을 볼 수 있게 해 달라고 기도할 때 비로소 용서라는 초자연적인 능력과 결단이 임한다.

> 우리가 우리에게 죄 지은 자를 용서한 것같이 우리 죄도 용서해
> 주소서. ╱ 마 6:12, 우리말성경

해외집회 중에 상담을 요청하신 여 집사님이 있었다. 그녀의 남편은 사회적으로 성공한 분이었지만 가족에게, 특히 아내에게 너무 인색하고 사랑이 없었다. 그것에 대한 분노가 그녀의 외도로 이어졌다. 그 집사님은 "내가 아무리 회개해도 죄사함의 참된 자유함을

누리지 못하니 도대체 얼마나 회개해야 하는가"라고 질문했다. 남편에 대한 깊은 원망과 그녀 자신의 극심한 고통이 담긴 눈물을 보면서 마음이 아팠다.

자신의 실수를 회개해도 하나님의 용서를 누리지 못하고 있는 원인이 남편을 진정으로 용서하지 않기 때문이며, 그로 인해 자신이 지은 죄에 대해 용서하심의 자유를 누리지 못하는 것이라는 마음을 성령께서 주셨다. 이와 같이 용서하지 못하는 것은 치유의 최대 장애물이 되기에 우리는 이 문제를 철저하게 다루어야 한다.

종종 우리는 상대방이 회개하지 않는데 과연 "용서가 가능한가?"라는 질문을 한다. 우리는 용서와 화해를 구분해야 할 필요가 있다. 용서는 복수할 내 권리를 버리는 것이기 때문에 상대방의 회개 유무와 상관이 없다. 그러나 진정한 화해가 이루어지기 위해서는 용서뿐만이 아니라 쌍방이 잘못을 인정하고 회개하는 것이 필요하다.

그런데 예수님은 회개한 가해자뿐만 아니라 회개하지 않은 가해자도 용서하고 나아가 사랑하라고 말씀하신다. 아마도 원수를 용서하고 사랑하라는 계명은 기독교에서만 볼 수 있을 것이다. 그렇다면 왜 주님은 무조건적으로 용서하라고 하시는가?

용서하지 않으면 먼저 우리 자신이 죄책감과 분노에 시달리기 때문이다. 그리고 점차 마음과 육신도 병들게 되는데 이렇게 되면 가해자보다도 더 큰 어두움 가운데 갇히게 된다. 그러므로 우리를 사랑하시는 주님은 우리에게 용서를 명령하시는 것이다. 용서는 하나님의 놀라운 치료약이며 십자가는 우리의 어떠한 허물과 죄악도 용서되었다는 놀라운 약속의 증표가 된다.

> 나는 너희에게 이르노니 너희 원수를 사랑하며 너희를 박해하
> 는 자를 위하여 기도하라 / 마 5:44

용서와 구원

몇 년 전 안젤리카라는 17세 소녀가 천국과 지옥을 다녀온 간증 동영상을 본 적이 있다. 가톨릭 신자인 그녀는 예수님과 함께 천국과 지옥을 구경하게 되는데 지옥에서 충격적인 장면을 목격한다. 그곳에 교황이 있었고 독실한 가톨릭 신자였던 그녀의 할머니도 있었다.

사실 그녀의 간증은 가톨릭계에서 논란을 일으킬 수 있는 내용이다. 안젤리카가 예수님께 그 두 사람이 지옥에 있는 이유를 물어보자 교황의 경우는 가장 중요한 사명 '지옥과 천국'을 알리지 않았기 때문이고, 안젤리카의 할머니는 '그녀가 결코 용서하지 않는 사

람'이었기 때문이라고 했다.

이것은 마태복음 18장에 등장하는 용서할 줄 모르는 종의 비유와 일맥상통한다. 마태복음 18장은 삶의 문제가 아니라 구원의 문제를 다루는 장인데 용서의 문제는 우리의 구원과도 밀접한 관계가 있음을 알 수 있다.

내가 고통에 관해 배운 사실 중 하나는 우리가 겪는 고통에는 반드시 하나님께서 말씀하시려는 메시지가 있다는 것이다. 그것을 우리가 진지하게 다루어 나갈 때 하나님은 그 고통의 뿌리(원인, 이유)를 밝혀 주신다. 고통의 뿌리를 처리하지 않으면 그것으로 우리 삶이 완전히 파괴될 수 있기에 삶의 문제와 고난을 통하여 우리 내면의 위험한 불순물을 걸러내시는 것이다.

> 오직 성령의 열매는 사랑과 희락과 화평과 오래 참음과 자비와
> 양선과 충성과 온유와 절제니 이같은 것을 금지할 법이 없느니
> 라 / 갈 5:22-23

신앙생활을 오래 했어도 성품 가운데 성령의 열매를 맺지 못하는 가장 큰 이유는 우리 안의 상한 감정으로 생긴 쓴 뿌리들 때문이다.

마음의 쓴 뿌리는 영혼의 쓰레기에 비유할 수 있는데, 쓰레기가 있으면 파리와 쥐, 바퀴벌레가 들끓게 된다. 내면의 쓰레기가 방치

된 상태로 예배를 드리고 기도하면 일시적으로 파리와 벌레들을 쫓을 수는 있다. 그러나 시간이 지나면 다시 그것들이 찾아들게 되는데 이 파리와 쥐, 바퀴벌레들은 다름 아닌 악한 영들이다. 이 불청객들 때문에 주님과의 교제가 방해를 받고, 신앙생활을 해도 자유함과 기쁨이 없으니 인격도 변화되지 못하는 것이다.

악한 영들은 "너는 옳은데 억울한 일을 당했어! 그 사람이 너를 이렇게 만들었어!"라고 우리 편을 들면서 분노와 미움과 자책의 에너지를 공급하고 점점 더 우리 영혼을 도둑질하고 파괴시킨다.

'나는 절대 그렇게 살지 말아야지' 하지만 막상 성인이 되면 부모의 모습을 답습하며 살게 된다. 우리가 용서하지 않을 때 나 자신과 우리 가계에 악한 영들이 대대로 체류할 수 있는 법적 권리를 주는 것이다.

용서하지 않는 마음은 우리 삶에 축복의 문을 닫는다. 치유 사역의 많은 경우 아픈 상처의 기억과 감정의 치유가 필요하기 때문에 상담이 필수적이다. 그리고 상처를 통해 자신 안에 역사하는 영적 실체가 있을 때 축사도 필요하다. 그러나 아무리 상담을 받고 기도하고 축사해도 용서할 마음이 없으면 역사는 일어나지 않는다.

일시적으로 좋아진다고 해도 용서하지 않는 마음의 응어리가 남아있으면 또다시 괴롭힘을 당하게 되는 것이다. 용서를 했다면, 상처와 쓴 뿌리를 통해 내 안에 들어온 어두움(미움과 분노, 불순종, 거역,

집착, 거절과 자기연민)의 법적 권리가 사라지고 힘을 잃게 되어 기도할 때 치유와 회복의 역사가 쉽게 일어난다.

> 내 사랑하는 자들아 너희가 친히 원수를 갚지 말고 하나님의 진노하심에 맡기라 기록되었으되 원수 갚는 것이 내게 있으니 내가 갚으리라고 주께서 말씀하시니라 네 원수가 주리거든 먹이고 목마르거든 마시게 하라 그리함으로 네가 숯불을 그 머리에 쌓아 놓으리라 악에게 지지 말고 선으로 악을 이기라
> / 롬 12:19-21

얼마나 용서해야 하는가

> 그때에 베드로가 나아와 이르되 주여 형제가 내게 죄를 범하면 몇 번이나 용서하여 주리이까 일곱 번까지 하오리이까 예수께서 이르시되 네게 이르노니 일곱 번뿐 아니라 일곱 번을 일흔 번까지라도 할지니라 / 마 18:21-22

그렇다면 우리는 몇 번까지 용서해야 하는가? 비슷한 문제로 지속적으로 상처를 받고 피해를 볼 때 과연 상대방을 언제까지 용서

해야 하는가는 우리의 고민거리가 되는데 베드로도 같은 생각을 한 것 같다. 이 질문에 대해 예수님은 일곱 번을 일흔 번까지 용서해야 한다고 말씀하신다. 일곱 번의 일흔 번이란 수학적으로는 7을 70번 곱한 것으로 끝없이, 다시 말해서 지속적으로 용서하라는 의미다.

존 비비어 목사님의 《임재》라는 책에는 목사님과 아내 리사 사모와의 사이에 있었던 일이 기록되어 있는데, 이를 통해 지속적으로 용서해야 하는 의미를 찾을 수 있다. 존 비비어 목사님이 어떤 실수와 과오를 범해서 아내인 리사에게 여러 번 큰 상처를 주었다. 그때마다 존 목사님은 사과했지만 아내는 받아들이지 않았다. 그도 그럴 것이 같은 일이 계속 일어났기 때문에 아내 리사는 "당신이 변화되면 그때 당신의 말을 믿겠어요!"라고 말했다고 한다. 남편의 사과에도 아내는 상처를 고스란히 끌어안고 폭언을 퍼부었다. 아내는 변하지 않는 남편은 물론 하나님께도 화가 났고 남편을 용서하지 않았기에 마음은 쓰리고 고통스러웠다. 둘의 상처는 더욱 깊어질 뿐이었다.

어느 날 이 문제를 가지고 리사가 기도할 때 성령님은 "네가 용서해 주지 않으면 남편은 변화되지 않을 것이니, 남편의 잘못을 모두 용서한다고 말하라!"고 하셨다. 그녀는 남편을 찾아가 하나님의 말씀을 나누고 용서하지 않음을 사과했다. 그 즉시 하나님의 능력이 터져나와 상황이 해결되고 비비어 부부 안에 치유와 회복이 일어났다.

이와 같이 용서는 한 차례의 선택이 아니라 자유롭고 풍성한 삶을 살기 위해서 매일같이 새롭게 내려야 하는 결단이다. 즉 용서가 삶의 태도요 습관이 되어야 한다.

아무리 성경을 외우고 교회에서 봉사를 하고 하루에 몇 시간씩 기도를 하고 올바르게 산다 할지라도 다른 이들을 용서하지 않으면 우리는 스스로의 감옥에 갇혀 용서가 주는 진정한 자유함을 누리지 못한다. 우리가 당했던 억울한 일 그리고 가해자에 대한 분노와 원망은 우리를 영적 감옥으로 끌고 간다. 우리를 어두운 감정의 철창 속에서 꺼내 줄 열쇠는 용서인 것이다.

고백의 효과, 용서의 능력

인간의 고질적인 병을 치유하기 위한 성경적 처방은 고백과 회개다. 우리 안에 들어온 죄는 그 나름 방어기제들이 있는데 부정하거나 합리화시켜서 다른 사람의 책임으로 투사시키는 것이다. 죄를 감출 때 우리는 악한 영에 노출될 위험에 처하게 되며, 은폐하고 고백하지 않는 죄는 악한 영들에게 사람 안에 체류할 수 있는 법적 권리를 준다.

만일 우리가 우리 죄를 자백하면 그는 미쁘시고 의로우사 우리
죄를 사하시며 우리를 모든 불의에서 깨끗하게 하실 것이요 만
일 우리가 범죄하지 아니하였다 하면 하나님을 거짓말하는 이로
만드는 것이니 또한 그의 말씀이 우리 속에 있지 아니하니라

╱ 요일 1:9-10

육체의 질병 중 80%는 감정적이고 영적인 문제에서 기인한다.
만약 사람들이 자신에게 상처를 준 가해자를 용서한다면 병원의 병
실이 텅텅 비게 될 것이라고 의사들은 말한다. 용서하지 않는 것이
야말로 깊은 차원의 치유에서 가장 중요한 주제다. 성령은 용서의
영이지만 사탄은 우리가 용서하지 못하도록 조종한다.

찰스 크래프트 박사에게 찾아온 어떤 자매 이야기다. 그녀는 경
미한 교통사고를 당했는데 시간이 지날수록 상태가 점점 나빠졌다.
하나님은 우리에게 자가 치유 기능을 주셔서 시간이 지나면 나아져
야 하지만 감정의 손상은 신체의 면역력을 약화시키기 때문에 몸의
회복을 방해한다.

그녀가 기억 속에 담긴 부정적인 감정의 근원을 찾기 시작하고,
상처 준 사람들을 용서하고, 그녀의 부정적인 감정에 숨어 있는 악
한 영들을 대적하자 내면의 태도가 변화되면서 육체적인 치유도 일
어나게 되었다.

용서가 중요하다는 것은 알지만 용서는 우리에게 언제나 어려운 숙제와도 같다. 여기에는 용서에 대한 편견과 착각도 한몫하는 것 같다. 데이빗 씨맨즈의 《좌절된 꿈의 치유》를 토대로 용서의 기술과 과정에 대해 살펴보자.

▬▬ 용서에 대한 착각

많은 사람들은 다음과 같이 용서에 대해 착각하고 있다.

1. 무조건 잊어버리려고 한다.

나 역시 유교적이고 가부장적인 환경에서 자라난 터라 부당한 일을 당해도 무조건 참고 잊어버리려고 노력했었고, 거듭난 이후에도 이 가치관은 훌륭한 그리스도인의 덕목이라고 생각했었다. 그런데 이것은 기독교적인 방법이 아님을 뒤늦게 깨닫게 되었다. 이 방법으로는 올바른 용서를 하지 못하고, 오히려 내 안의 쓴 뿌리를 키우는 무서운 자기 기만임을 알게 되었다.

2. 머리로만 이해하려고 한다.

이해하려는 태도는 바람직하지만 이것 또한 착각일 수 있다. 머리로는 이해하는데 감정은 용납되지 않는다면 상처를 준 사람을 용서했다고 보기 힘들기 때문이다. 진정한 용서는 우리에게 상처를 입힌 사람과 자신이 경험한 일에 대한 기억은 남아있지만 우리의 감정이 더 이상 그 일로 동요되지 않을 때 이루어진다. 그제야 비로소 온전히 치유된 것으로 간주할 수 있다.

3. 무조건 자기 탓으로 돌린다.

몇 년 전에 가톨릭 교단에서 '내 탓이요!' 운동을 전국적으로 벌인 적이 있다. 신자들은 물론 많은 국민들에게도 큰 반향을 일으켜 매사에 내 탓이 아닌 남 탓만 하던 우리에게 신선한 각성을 촉구했다. 그러나 과연 훌륭한 크리스천은 모든 잘못을 자신의 탓으로 돌려야 하는 것일까?

우리의 어머니들은 자식이 문제를 일으키거나 잘못되었을 때 무조건 자기 탓이라고 한다. 그것은 어머니가 자식을 보호해 주지 못한 자책과 회한에서 나오는 부르짖음일 것이다. 그러나 모든 것이 다 내 잘못, 내 죄 때문이라고 생각해야만 신실하고 훌륭한 크리스천이라는 사고는 결코 건강하지 못하다. 또한 잘못을 무조건 자기 탓으로 돌리는 것도 진정한 용서가 아니다.

▉▉▉ 용서의 과정

그렇다면 요셉을 통해서 진정한 용서의 방법과 과정에 대해 생각해 보자. 다음은 창세기 45장 1~5절 말씀이다.

¹요셉이 시종하는 자들 앞에서 그 정을 억제하지 못하여 소리 질러 모든 사람을 자기에게서 물러가라 하고 그 형제들에게 자기를 알리니 그 때에 그와 함께 한 다른 사람이 없었더라

² 요셉이 큰 소리로 우니 애굽 사람에게 들리며 바로의 궁중에 들리더라

³ 요셉이 그 형들에게 이르되 나는 요셉이라 내 아버지께서 아직 살아 계시니이까 형들이 그 앞에서 놀라서 대답하지 못하더라

⁴ 요셉이 형들에게 이르되 내게로 가까이 오소서 그들이 가까이 가니 이르되 나는 당신들의 아우 요셉이니 당신들이 애굽에 판 자라

⁵ 당신들이 나를 이 곳에 팔았다고 해서 근심하지 마소서 한탄하지 마소서 하나님이 생명을 구원하시려고 나를 당신들보다 먼저 보내셨나이다

1. 용서란 우리 자신에게 행해진 구체적이고 명확한 잘못을 직시하고 인정하는 것이다.

상대방이 받아들이든 아니든 잘못된 것을 직시하고 인정하는 것이 필요하다.

"제가 형님들이 이집트에 팔아 버린 형님들의 동생 요셉입니다." / 창 45:4, 우리말성경

2. 용서는 나에게 가해진 상처와 고통을 직시하는 것이다.

요셉은 자신을 배신하고 죽이려 한 형들 때문에 일어난 인생의 시련, 고난과 학대를 떠올리며 그로 인한 고통스러운 감정을 통곡과 외침으로 표출했다. 요셉은 너무나 고통스러워 시종 드는 자들에게 나가라고 소리 지른다. 그의 처절한 상처의 울부짖음은 바로의 궁에까지 들렸다고 기록되어 있다.

> 요셉이 자기에게 시종을 드는 사람들 있는 앞에서 더 이상 자신
> 을 억제하지 못하고 소리쳤습니다. "모두 내 앞에서 물러가라!"
>
> ╱ 창 45:1, 우리말성경

자신에게 행해진 모욕, 거부, 외면, 무관심, 불공평, 잔혹한 언행, 잔인하고 무자비한 학대, 배신, 버림받음과 같은 고통의 상처를 다시 확인하는 일은 무척이나 힘들지만 진정한 치유를 위해서는 그 과정을 통과해야 한다.

3. 용서하려면 상처 준 사람에 대한 자신의 실제적인 감정(분노와 미움)을 직시해야 한다(창 45:1~2).

요셉의 형제들은 요셉을 죽이려 했고 노예로 팔아 버렸다. 믿었던 혈육(부모, 형제)에게 당한 배신감은 다른 어떤 것보다 한층 더 깊은 상처를 남긴다. 우리는 자신에게 상처와 고통을 준 사람에게 가

지고 있는 마음속의 미움과 분노를 인정해야 한다.

EBS 〈달라졌어요〉는 가족 치유 프로그램이다. 치유 과정 중에 연극 심리치료 장면이 나온다. 자기에게 상처를 준 사람 대신 인형이나 대역을 앉혀 놓고 그 사람 때문에 겪은 고통과 분노와 미움과 같은 상한 감정을 적나라하게 표현하는데 그때 가장 많은 심적 변화가 일어나는 것을 볼 수 있다.

여기서 하나 더 부연설명하고 싶은 것은, 내가 하나님의 뜻대로 용서했다고 해서 여전히 변하지 않은 그 사람과 함께 있어야 할 필요는 없다는 것이다. 그리고 용서했어도 여전히 나를 공격하며 부당하게 피해를 주는 사람에 대한 법적 조치를 취하할 필요는 없다.

4. 용서는 십자가를 직시하는 것이다.

우리에게 행해진 구체적이고 명확한 잘못을 직시하고 인정하며 그로 인한 상처와 고통, 상처를 준 사람에 대한 감정(분노와 미움)을 인정할 때 우리가 나아갈 수 있는 유일한 길은 십자가다. 루우엘 하우(Reuel Howe)는 《인간의 욕구와 하나님의 역사》에서 "사랑스럽지 못한 이를 그의 가장 사랑스럽지 못한 순간에도 사랑하는 능력을 볼 수 있는 유일한 곳은 십자가 위뿐이다"라고 말한다.

> 아버지 저들을 사하여 주옵소서 자기들이 하는 것을 알지 못함이니이다 / 눅 23:34

용서는 자신에게 상처를 준 사람을 십자가에 달리신 예수님의 눈으로 바라보는 것이다. 가해자들은 자신이 그렇게 큰 상처를 주었는지 모를 수 있다. 요셉이 형들을 어떻게 용서할 수 있었는가? 예수님이 자신을 십자가에 못 박은 자들을 용서하신 것처럼 요셉은 형들을 주님의 눈으로 바라보며 사랑하기로 결단한 것이다.

하나님의 사랑은 의지적 사랑이지 감정적 사랑이 아니다. 사랑하고 용서하기로 결단하면 성령의 도우심으로 감정이 따르게 된다. 성령은 용서와 사랑의 영이기 때문이다. 그리고 고난의 세월을 허락하신 하나님의 섭리를 통해 자신의 사명을 깨달은 요셉은 형들에게 다음과 같은 놀라운 고백을 한다.

> 하지만 형님들이 저를 이곳에 팔았다고 해서 근심하거나 자책하지 마십시오. 이는 하나님께서 생명을 구하시려고 저를 형님들보다 먼저 여기로 보내신 것이기 때문입니다. / 창 45:5, 우리말성경

하나님을 만나 그분의 용서를 받은 사람은 어떤 고통의 세월을 보내더라도 그 속에서 터득한 모든 경험들이 놀라운 하나님의 영광을 드러내는 소명의 약재료로 쓰임받게 된다.

헨리 나우웬은 《상처받은 치유자》(Wounded Healer)에서 "고통만

이 고통을, 아픔만이 아픔을 안을 수 있다"고 말한다. 고통과 아픔의 터널을 통과하고 하나님의 죄사함의 은혜와 그것을 통해 이루시려는 궁극적인 섭리와 그 뜻을 깨달은 자는 나에게 고통을 준 사람을 용서할 뿐만 아니라 그것을 통해 사명의 삶을 살게 되는 것이다.

> 우리가 알거니와 하나님을 사랑하는 자 곧 그의 뜻대로 부르심을 입은 자들에게는 모든 것이 합력하여 선을 이루느니라
> / 롬 8:28

<hr style="width:30%" />

용서의 십자가

십자가는 무엇인가? 그것은 하나님께서 우리 한 사람 한 사람에게 "내가 너를 용서한다!"는 신실한 언약의 상징이다. 어떤 죄를 지어도 아니 수백 번 같은 죄를 지어도 나는 너를 용납하겠다는 하나님의 처절한 고통이 담긴 사랑의 메시지다.

그러므로 이 땅에 세워진 수많은 십자가를 볼 때마다 우리는 기억해야 한다. 하나님은 우리를 어떤 상황에서도 용서하시고 받아주신다는 사실을. 그리고 그 놀라운 십자가의 은혜를 아는 자들은 우리에게 죄 지은 자들을 동일하게 용서해야 한다는 사실도.

이미 세상을 떠났지만 전 세계가 존경하던 네덜란드의 코리 텐 붐 여사는 독실한 신앙생활을 했던 가정에서 자랐고 제2차 세계대전 때 유대인들을 숨겨주는 일을 돕다가 나치에게 잡혀 라벤슨부르크 수용소에서 처참한 생활을 했다.

당시 네덜란드에는 11만 5000명의 유대인이 있었는데 제2차 세계대전 후에는 겨우 8500명만 남게 된다. 라벤슨부르크 수용소에서 코리 텐 붐 여사는 여자로서는 차마 입에 담을 수 없는 끔찍한 아픔을 겪었고, 그 고통을 이길 수 없었던 언니 베티는 감옥에서 숨을 거둔다.

코리는 극적으로 살아남았지만 그 이후 독일이란 말만 들어도 오장육부가 뒤틀리는 고통을 느꼈고 독일 국기와 지도만 보아도 온몸이 아파왔다.

그런데 하나님은 너무나 어려운 사명을 그녀에게 주셨다.

"독일인을 사랑하라. 독일을 찾아가 용서의 복음을 선포하라. 독일 사람들을 하나님이 사랑한다고 얘기하라. 독일인들에게 치유의 복음을 전파하라. 용서의 복음을 전파하라."

도무지 할 수 없을 것 같았지만 하나님의 강권하심 때문에 독일 전역을 돌아다니면서 하나님의 말씀을 증거하기 시작한다.

한번은 그의 집회에 수많은 사람들이 몰려들었는데, 그의 설교를 듣고 감동받았던 사람들이 코리 여사의 손등에 키스하기 위하여 줄을 서서 한 걸음씩 다가오고 있었다. 그런데 낯익은 얼굴이 보였다. 바로 라벤슨부르크 수용소에서 자기를 모질게 고문했던, 발가벗겨 말할 수 없는 수치심을 주었던 바로 그 간수였다. 고통 가운데 죽어가던 언니의 얼굴이 떠오르기 시작했다.

코리 텐 붐은 그 당시의 감정을 책에 이렇게 기록했다.

그 순간 내 피가 거꾸로 솟구쳐 올랐다. 나는 하나님께 외쳤다.

"하나님 저 사람만은 용서할 수 없어요."

그때 하나님께서도 내게 큰 소리로 말씀하셨습니다.

"용서해라."

"아니 하나님, 할 수 없어요. 용서할 마음이 생기지 않아요."

"아니다. 코리야 용서해라."

그 사람은 계속 다가오고 있었다.

하나님은 계속 말씀하셨다.

"나는 너에게 용서할 마음이 있는가 없는가를 묻는 것이 아니다. 용서해라. 이것은 나의 명령이다. 용서해라!"

그 순간 내 힘으로는 도무지 용서할 수 없었으나 순종해야 한다는 것을 느꼈다. 하나님께 십자가의 죽음으로 순종한 예수님이 내 주님이시기 때문이었다.

드디어 그 간수가 내 앞에 섰을 때 우리는 서로 얼굴을 확인할 수 있었다. 그는 깜짝 놀라서 뒷걸음질하였는데, 나는 팔을 벌려 그를 끌어안았다. 그리고 "하나님은 당신을 사랑합니다. 나는 당신을 용서합니다." 하고 고백하며 손을 맞잡았다. 그 순간 하나님의 용서가 나를 통해 흘러가는 것을 느낄 수 있었다. 용서의 감정은 용서의 행동 뒤에 따라왔다. 그리고 그 순간 용서하는 능력과 함께 깊은 평화, 하나님의 더욱 놀라운 임재를 경험했다.

용서는 그리스도인들에게 있어서 선택이 아니다. 이것은 주님의 명령이다. 하나님은 "네가 다른 사람들을 용서하지 않는 한 나도 너를 용서할 수가 없다"고 하셨다. 진정한 영적 자유를 누리며 승리의 삶을 살기 위해서 우리는 용서해야 한다. 용서만이 우리 모두가 살 길이다.

사탄의 계략은 죄와 상처로 생긴 두려움을 통해
우리를 굴복하게 만드는 것이다.

이것을 파쇄하기 위해서는
우리의 생각, 감정, 의지와 육신을
두려움으로 공격하는 악한 영들을
예수 그리스도 이름의 권세로 결박하며 기도해야 한다.

Chapter 8

◇◇◇◇◇

마음의 병 치유

－

정신적·영적 문제를
끊으라

|||||||||||||||| **마음의 병**

무리를 보시고 불쌍히 여기시니 이는 그들이 목자 없는 양과 같
이 고생하며 기진함이라 / 마 9:36

언젠가 미국 캘리포니아주의 어느 휴양도시 바닷가에서 키 크고
잘생긴 금발의 한 젊은 청년이 걸어오는 모습을 보았다. 그런데 그

는 혼자서 중얼거리며 정신없이 왔다 갔다 하는 것이 아닌가. 어느 나라에 가든 정신적인 어려움을 가진 사람들을 어렵지 않게 볼 수 있다. 출중한 외모에 선한 얼굴의 젊은 청년이 마음의 병 때문에 고통당하는 모습을 보니 더욱 마음이 짠했다.

사람들을 소리 없는 절망으로 몰아가는 마음의 병, 감정적이고 정신적인 어려움을 가지고 있는 사람들이 너무나 많다. 일본에서 홈리스(homeless) 사역을 하시는 목사님에게 들은 이야기인데 일본은 복지제도가 잘 되어 있어서 그들을 굳이 돌볼 필요는 없다고 한다. 국가에서 살 곳을 마련해 주고 경제적 도움도 준다고 한다. 그러나 문제는 집이 있어도 한 곳에 정착할 수 없는 심각한 내면의 문제를 가진 사람이 많다는 것이다. 신앙의 힘 외에는 그들을 도울 길이 없다는 것이다.

감정적이고 정신적인 마음의 병은 헌신된 그리스도인들에게도 종종 보이는 증상이다. 원인이 확실치 않은 신체적 만성질환, 우울증, 공황장애, 불면증과 같은 정신질환에서 알코올, 도박, 게임, 성중독과 같은 중독 증상 그리고 분노 조절 장애와 마음의 쓴 뿌리로 인한 폭력성까지 증상은 다양하다. 이렇게 심각하지는 않더라도 자주 영적으로 눌리고 부정적인 생각에 사로잡히며 쉽게 평안이 깨어지는 성도들은 말씀을 읽고 기도와 예배를 드려도 좀처럼 해결되지 않으니 더 좌절에 빠지는 것이다.

몇 년 전에 〈마더 테레사의 편지〉라는 영화를 본 적이 있다. 인도의 극빈 지역에서 예수님의 삶을 방불케 하는 청빈하고 헌신된 삶을 사는 그녀의 모습에 감동을 받았고 솔직히 같은 주의 종으로 부끄럽기까지 했다. 그런 마더 테레사가 수녀원을 나와 독립적으로 임종자의 집을 시작하면서 영적, 감정적 눌림이 시작된다.

그런 증상이 심해지니 하나님이 안 계신 것 같고 자신이 버림받은 것같이 느껴진다는 표현을 가까운 수사에게 보내는 편지에 언급하고 있다. 사실 이 부분이 논란이 되어, 로마 가톨릭에서 그녀를 성인으로 추대하기까지 시간이 걸렸는데 그녀가 그런 고통을 겪게 된 원인을 추정할 만한 단서를 영화 속에서 발견할 수 있었다.

마더 테레사는 죽어가는 콜카타의 인도인들에게 사랑과 안식을 누리도록 해주기 위해 임종자의 집을 세울 장소를 물색했지만, 좀처럼 구할 수가 없자 이전에 칼리 사원으로 사용했던 버려진 건물에서 사역을 시작한다.

칼리란 여성 에너지의 상징으로서 '죽음의 신'이며 힌두교의 샤크티파와 불교의 밀교와도 깊은 관련이 있다. 칼리는 인도 전역에서 두루 숭배되고 있으며, 그 중에서 마더 테레사가 있었던 콜카타의 사원이 가장 유명하다. 칼리 사원에서는 지금도 제사를 위해 염소의 목을 쳐내는 끔찍하고 피 비린내 나는 일이 자행된다.

인도인들은 영적인 것을 잘 이해한다. 셈족의 후예인 동양인들은 영적인 부분이 발달된 인종인데 4대 종교의 발상지가 모두 동양이라는 것이 이를 증명한다. 반면 서양인들은 비교적 이성적이라고 할 수 있다. 그래서 과학도, 신학적 교리도 서양에서 잘 발달되었다. 알바니아계의 유고슬라비아 출신의 마더 테레사도 이런 영적인 부분을 잘 이해하지 못했던 것 같다.

처음에 그곳을 소개해 준 인도인도 마더 테레사가 예전 칼리 사원에 들어가 사는 것을 염려하며 안부를 물었는데, 그때 그녀는 "이곳이 제사를 드린 곳이라 더 좋다"는 알듯 모를 듯한 대답을 한다. 이 말은 영적으로 매우 위험한 발언임이 분명하다. 영화에서는 다소 각색이 되었을 수 있지만 어쨌든 그때부터 그녀의 영적, 정신적 고통이 시작된다.

마더 테레사처럼 감정적이고 정신적인 고통을 겪는 사람들을 교회에서도 흔히 볼 수 있다. 그들은 자신의 고통을 덜어 주고 도와줄 사람들을 찾아다니지만 쉽게 호전되지 않는다. 이런 교인들을 돌볼 때 사역자들도 말할 수 없는 에너지 소진과 어려움을 겪는다.

현대 교회가 안고 있는 문제 중 하나는 정도의 차이는 있지만 이런 문제를 가진 성도들이 너무나 많다는 것, 그리고 그 원인조차 잘 모르는 사람이 태반이며 심지어 사역자들조차도 잘 알지 못한다는 것이 정확한 표현일 것이다.

구원받은 성도라도 자신이 인식하지 못하는 환경을 통해서 영적 전이 현상이 일어나곤 한다. 구체적으로는 타종교, 우상숭배를 했던 장소에서 살게 되거나 그런 일에 종사하는 사람들과의 깊은 교제를 통해서도 영적 전이 현상은 일어날 수 있다. 구원받기 이전에 심겨진 세속적인 가치관과 인본주의에 입각한 사고 체계의 영향을 받기도 하는데 하나님을 바라보고 그 빛 가운데 나가려는 것을 방해한다.

초월적인 하나님의 역사로 빛 되신 예수 그리스도를 만나 그분의 계시를 받아가며 아시아와 유럽의 복음화와 기독교의 초석을 세운 위대한 사도 바울도 다음과 같은 고백을 한다.

> 내가 행하는 것을 내가 알지 못하노니 곧 내가 원하는 것은 행하지 아니하고 도리어 미워하는 것을 행함이라 / 롬 7:15

사도 바울은 예수님을 만나기 전 스데반을 죽이는 데 가담한 후 넘치는 혈기와 유대교에 대한 열정으로 그리스도인들을 잡으러 다메섹까지 달려간 사람이다. 그러나 도중에 빛 되신 예수님을 만나 그리스도인으로 거듭나게 된다. 강한 추진력과 목표 지향적인 성향의 사도 바울은 자신의 연약함을 그의 생애 말년에 집필한 로마서에서 고백한다.

바울은 1차 선교여행 때 마가가 도중에 돌아가 버린 일로 바나바와 다투는데 그것은 2차 선교여행을 떠나기 직전의 일이었다. 바나바는 자신의 밭을 팔아 초대교회에 헌납한 사람으로 사람들이 바울의 회심을 의심하고 경계했을 때도 그를 변론하고 도와주었다. '위로의 아들'이란 그의 이름에서도 알 수 있듯이 바나바는 관대한 성품에 믿음도 좋고 성령 충만한 사람이었던 것으로 보인다(행 11:24).

바나바는 다시 한 번 마가에게 기회를 주어서 2차 선교여행에도 그를 데려가자고 설득하는 과정에서 바울과 크게 다투었다(행 15:39). 바울은 결국 바나바와 결별하고 실라와 함께 2차 선교여행을 강행한다.

이러한 기록을 볼 때 바울에게 강한 자아와 혈기의 문제가 있었던 것으로 추정된다. 물론 그런 불굴의 의지와 추진력으로 놀라운 복음의 역사를 이루는 하나님의 위대한 종으로 사용되었지만, 다른 한편으로는 이런 기질과 성격이 그에게 연약함이자 치유가 필요한 영역이었을 것이라 짐작된다.

> 오호라 나는 곤고한 사람이로다 이 사망의 몸에서 누가 나를 건져내랴 / 롬 7:24

그런즉 누구든지 그리스도 안에 있으면 새로운 피조물이라 이
전 것은 지나갔으니 보라 새 것이 되었도다 / 고후 5:17

예수님이 이 세상에 오신 것은 어두움과 죄악 속에 상처받은 우리를 치유하고 구원하시기 위해서다. 이것이 복음(Good News)이다. 예수를 처음 믿고 성령을 받으면 놀라울 정도로 생기 넘치는 사람이 된다. 교회 안에서 그런 사람은 한눈에 알아볼 수 있다. 하나님은 우리가 새로운 피조물이 되어 생기 넘치게 살아가고 주님의 형상을 닮아가기를 원하시지만 슬프게도 많은 경우 신앙 연륜이 쌓이면 쌓일수록 현실은 그 반대가 된다.

미국의 경우 기독교인 부부와 불신자 부부의 이혼률이 거의 비슷하다고 한다. 이제 사역자들의 스캔들은 교회에서 쉽게 들을 수 있는 가십거리가 되었고, 성령 충만해 보이는 부부가 파경의 위기에 봉착하는 일도 흔하다. 이런 안타까운 현실은 우리를 매우 슬프게 한다.
오랜 시간 예수를 믿었다고 하는데 인격과 성품이 변화되지 않고 습관적인 죄와 중독에 빠져있는 사람들이 많다. 도대체 무엇이 문제인가? 예수를 처음 믿었을 때 누구나 구원의 기쁨을 경험하고 성령의 은혜도 맛보아 행복한 시간을 보내지만, 그 이후 영혼의 깊

은 밤을 경험하게 된다. 여기서 치유의 필요성이 대두된다. 이때 우리에게 나타나는 현상은 다음과 같다.

1. 죄에 저항할 수 없게 만드는 의지(will)의 연약함
2. 쉽게 거짓을 진리로 착각하게 만드는 생각(mind)의 왜곡
3. 분노와 두려움, 정욕과 충동을 통해 죄 가운데로 이끌어가는 감정(emotion)의 혼돈
4. 때로는 자신의 잘못 때문이기도 하지만 육체적 고통을 주는 몸(body)의 질병

이런 증상이 진행되다가 결국 우리가 저항할 수 없을 정도로 영혼과 육신이 묶여 결국 사망(death)에 이르게 하는 이 영역을 우리는 내면의 '견고한 진(strong hold)'이라고 말한다. 견고한 진은 우리가 영적인 사람으로 변화하는 데 큰 걸림돌이 될 뿐만 아니라 진리의 빛을 차단시키고 구원받은 하나님의 자녀들이 고통 속에 살아가게 하는 요인이 되기도 한다. 견고한 진은 영적으로 파쇄해야 하며 성령의 검, 곧 말씀과 기도를 통한 하나님의 능력으로만 깨뜨려 부술 수 있다.

우리의 싸우는 무기는 육신에 속한 것이 아니요 오직 어떤 견고한 진도 무너뜨리는 하나님의 능력이라 / 고후 10:4

하나님의 능력을 통해서 깊은 차원의 치유를 해야 하는 이유는 악한 영들의 활동에서 이러한 것들이 나오기 때문이다. 물론 예수 그리스도를 자신의 구주로 영접한 자들의 영 안에는 악한 영들이 들어오지 못한다. 그러나 악한 영들은 우리의 생각과 감정의 숲속에 자기 모습을 감추고는 과거의 부정적인 경험과 하나님을 대적하는 지식, 잘못된 믿음을 통하여 우리의 생각을 조종하고 감정을 자극시켜 묶임 가운데 살아가도록 만든다.

악한 영들의 임무는 최대한 사람들을 무능하게 만들거나 하나님의 능력을 가진 그리스도인들을 괴롭히는 데 있다.

|||||||||||||| **언제 들어왔나**[12]

내 안에 들어온 어두움은 그리스도인이 되기 전에 들어온 경우와 그 이후에 들어온 것으로 구분할 수 있다. 구원받고 거듭나면 다시는 악한 영들의 압박을 받지 않을 것이라고 안심하는 것은 순진한 생각이다. 어쩌면 사탄은 우리가 그리스도인이 되고 나면 압박의 수위를 더 높일 가능성이 있다. 사탄의 왕국에 위협이 되는 인물이라면 더욱 그럴 것이다.

구원받기 전에 타 종교나 오컬트(occult, 신비력, 9장 참조)를 통해서

강하게 속박되었던 사람들이 예수를 믿으려고 하면 압박의 강도가 훨씬 더 강해진다. 그러므로 이런 사람들은 깨어 있지 않으면 그들의 활동을 감지하지 못하여 낭패를 볼 수 있다. 초신자의 경우에는 믿음을 잃어버릴 수도 있기에 중보 모임에 참석하거나 영적 전쟁에 대해 배우고 깨어 기도함으로 능동적인 자세로 악한 영들의 공격을 대적해야 한다.

> 근신하라 깨어라 너희 대적 마귀가 우는 사자 같이 두루 다니며 삼
> 킬 자를 찾나니 너희는 믿음을 굳건하게 하여 그를 대적하라
>
> ╱ 벧전 5:8-9

성경은 한 사람이 신자가 되면 자신의 삶에 있었던 일들의 모든 결과까지도 자동적으로 면제받는다고 말씀하지 않는다. 만성비염으로 고생하는 한 여성이 있다고 하자. 그 여성이 그리스도인이 된 이후에도 비염이 지속될 때 이것에 대해 논쟁하려는 사람은 없을 것이다. 한편 심각한 정서적인 문제를 가지고 있는 남성이 있다고 하자. 많은 경우 거듭날 때 이런 문제들이 거의 해결되지만 경우에 따라서는 모든 방법을 다 동원해도 여전히 같은 문제로 고통을 받는다면 자신이 살아온 환경을 점검해 보아야 한다.

예를 들어 알코올 중독과 폭력을 휘두르는 부모 밑에서 자란 자

녀는 분노와 두려움의 영에 노출될 가능성이 큰데 그리스도인이 되었어도 통제할 수 없는 분노와 두려움의 지배를 받을 수 있다. 이럴 때 그는 상담을 통해서 감정의 응어리를 풀어 주고 부모를 용서한 후 필요에 따라서는 자기 안의 견고한 진으로 형성된 분노와 두려움의 영을 축사해야 한다.

감사하게도, 하나님의 자녀인 우리는 예수 그리스도 이름의 권세와 보혈의 능력을 사용하여 생명의 말씀을 붙들고 기도할 때 온갖 형태의 악한 영의 역사를 다룰 수 있고 적극적인 믿음을 가지고 사용할 때 더 큰 효과를 발휘할 수 있다.

'그리스도인이 더 이상 악한 영의 지배를 받지 않는다'는 교리는 다음과 같은 불행한 문제를 야기할 수 있다. "나는 어쩔 수 없어. 이게 내 모습이야…"라고 말하면서 악한 영의 압박에 굴복하거나 영적인 압박을 견뎌내는 데 자신의 모든 에너지를 계속 소모하기 때문에 신앙생활을 하면서도 피폐한 인생을 살아가게 된다.

> 그러나 성령이 밝히 말씀하시기를 후일에 어떤 사람들이 믿음
> 에서 떠나 미혹하는 영과 귀신의 가르침을 따르리라 하셨으니
> / 딤전 4:1

그리스도인이 된 후 사탄이 우리를 악한 영들에게 노출시키기

위해 자주 사용하는 전략은 미혹이다. '믿음에서 떠나는 사람들'이 란 원래 믿음이 있었던 사람들이라는 의미다. 그리스도인들이 미혹 하는 영들에게 자신을 열어 주면서 점차 그리스도에 대한 믿음을 저버리게 된 것이다. 자신의 믿음을 견고히 지키기 위해서 우리는 항상 깨어 기도함으로 모든 악한 영의 미혹을 단호하게 거절해야 한다.

이제 그리스도인이 된 후에 어떻게 미혹되는지 그 경로를 살펴 보자. 미혹된 사람은 다른 가르침을 따르게 되는데 다른 가르침이 란 '속이는 영'(마귀)을 통해서 나오는 다른 복음을 말한다. 이것은 이단의 가르침이기도 하다. 그리스도인들이 '다른 예수'에게 믿음 을 두면 그것을 통해 '다른 영'을 받아들이기 시작하고 그러면 당연 히 '다른 복음'을 믿게 되는 것이다.

> 만일 누가 가서 우리가 전파하지 아니한 다른 예수를 전파하거나
> 혹은 너희가 받지 아니한 다른 영을 받게 하거나 혹은 너희가 받
> 지 아니한 다른 복음을 받게 할 때에는 너희가 잘 용납하는구나
> ╱ 고후 11:4

남미 일부 국가에서 인기 있는 예수는 가난한 자들의 권리를 옹 호하고 자본주의에 대항하여 무장혁명을 조직하는 마르크스주의

혁명가로 종종 묘사된다. 또한 뉴에이지 집단에서 인기 있는 예수는 동양적인 구루(guru), 즉 득도한 스승으로서 힌두교나 불교의 교리와 복음의 메시지를 섞어서 가르친다. 그러나 만물의 창조주이자 심판자이신 예수는 가르치지 않는다.

인본주의 성향을 가진 사람들에게 인기 있는 예수는 사랑과 용서에 대해 말하지만 지옥이나 회개에 대해서는 전혀 언급하지 않는다. 또한 단지 믿기만 하면 원하는 것은 뭐든지 얻게 해 주는 산타클로스 버전의 예수도 있는데 이 예수는 우리나라에서도 인기가 많았다.

《내가 틀렸었다》(I was wrong)의 저자인 짐 베이커(Jim Baker) 목사는 1970년대부터 1987년 구속되기 전까지 미국과 전 세계의 1400만이 넘는 가정에서 수신했던 PTL 기독교 방송 네트워크와 헤리티지 USA 대표를 지냈고, 미국에서 가장 성공적인 목회자이자 미국 교계에서 아메리칸 드림을 성취한 상징적 인물이었다.

그의 주된 신학은 하나님은 우리가 성공하고 건강하여 부자가 되도록 약속하셨다는 기복신앙으로 미국의 많은 그리스도인뿐만 아니라 한국의 그리스도인들에게도 큰 영향을 주었다. 그러나 그는 섹스 스캔들과 공금 유용 혐의로 구속되고 몰락하면서 감옥에 갇히는 신세가 되었다. 그는 수감 기간 동안 성경을 다시 읽고 자신의 신학이 잘못되었음을 인정하는 책 《내가 틀렸었다》를 집필한다.

"예수님은 성경 어디에서도 돈에 대해 구복적인 말씀을 하지 않았을 뿐만 아니라 하나님이 원하시는 것은 큰 교회를 세우고 사업적인 성공을 이루는 것이 아니라 그분과의 친밀한 교제였음을 깨닫게 되었다"고 그는 고백한다.

비극적인 것은 현대의 많은 그리스도인들이 이러한 미혹에 빠져 거짓되고 비성경적인 예수를 받아들이고 있는데 이것은 교리의 문제만으로 끝나는 것이 아니고 영생의 문제이며 그야말로 죽고사는 문제가 될 수 있다.

치유의 이름 예수

예수님의 이름 예수는 원어로 'Jeshua'다(눅 2:21). 수태하기 전에 천사에게 받은 이름 Jeshua의 의미는 '하나님이 구원하신다' '하나님이 치료하신다'인데 유대인들에게 구원과 치유는 기본적으로 동일하다. 따라서 예수(Jesus)라는 이름을 언급할 때마다 우리는 그분의 주된 사명 중 하나가 치유임을 알 수 있다.

주의 영이 내게 내리셨다. 이는 하나님께서 내게 기름을 부으셔서 가난한 사람들에게 복음을 전파하도록 하기 위해서다. 하나님께서는 포로 된 사람들에게 자유를, 못 보는 사람들에게 다시 볼 수 있음을, 억눌린 사람들에게 해방을 선포하기 위해 나를 보내셨다. 주의 은혜의 해를 선포하도록 하기 위함이다.

／ 눅 4:18-19, 우리말성경

차후에 예수님에게 '그리스도/메시아(Christ/Messiah)'라는 이름이 붙게 되는데 이 이름 역시 '기름부음 받은 자'라는 뜻으로 예수님은 성령의 기름부음을 통해 구원과 치유의 사역을 완수하신다.

예수님 당시 보통 사람들은 예수님의 치유 사역을 보고 기뻐했지만 종교 지도자들은 분노했다. 특히 안식일에 치유 사역을 하는 예수님을 보고 죽이려고까지 했다.

BC 2세기 무렵 마카베오와 그의 추종자들은 예루살렘 성전 마당에 제우스 신상을 세우며 돼지 피로 제사를 드리게 하고 할례를 금하는 온갖 핍박에 대항하여 반란을 일으킨다. 하지만 헬라군의 공격을 받은 날이 거룩한 안식일이라는 이유로 반란군에 맞서 싸우지 않았기 때문에 남자와 여자, 아이들까지 포함해서 1000명의 사람들이 살육을 당한다. 이렇게 유대인들이 자신의 목숨보다 더 중요하게 생각하는 안식일을 범하면서까지 예수님이 병자들을 치유하신 이유는 무엇일까?

그러나 내가 하나님의 성령을 힘입어 귀신을 쫓아내는 것이면
하나님의 나라가 이미 너희에게 임하였느니라 ／ 마 12:28

치유는 복음 사역과 함께 예수님의 최우선 사역이었다. 치유를 통해 인류를 짓눌러 왔던 악한 세력이 떠나가야 하나님의 나라가 임하기 때문이다. 그러나 현대의 설교자들이나 많은 신학자들은 이런 유의 치유가 예수님 당시에만 일어난 일로 또는 선교지에서만 일어나는 일로 제한해 버린다.

나는 온누리교회에서 '기도학교'라는 영성 사역을 8년간 담당하면서 교회 안에서 정신적 감정적인 마음의 병과 육체적 병을 앓고 있는 많은 사람들을 보아 왔다. 그리고 정신적인 문제가 반드시 영적인 원인이라고 단정할 수 없지만, 확실한 것은 정신적인 문제가 있는 사람은 영적으로도 문제가 있다는 사실을 알게 되었다. 이런 문제로 고통받는 사람들은 대부분 억울하고 상한 감정의 쓴 뿌리를 해결하지 못하고 오랜 시간을 견뎌 왔다.

《거의 완벽한 범죄》는 오랫동안 정신적·감정적 고통 속에 마음의 병을 앓고 있는 사람들을 상담하고 치유하는 일에 종사한 프랜시스 맥너트가 궁극적으로는 그들을 치유할 수 있는 것이 상담과 축사임을 알았지만 그동안 왜 교회는 이 일을 하지 않고 터부시했는지를 역사적인 관점에서 파헤치는 책이다.

교회에서 치유의 중요성을 간과함으로써 악한 영들은 인간을 평생 고통스럽게 만들고 파멸시키려는 거의 완벽한 범죄에 성공할 뻔

했지만 이제 그들의 정체가 폭로되어 치유의 놀라운 역사들이 일어나게 되었음을 알리는 내용이다.

데릭 프린스 목사의 사역에서도 동일한 내용을 볼 수 있는데 그는 원어로 성경을 읽었던 케임브리지 출신의 석학이었다. 거듭난 이후 목사가 된 후에도 여전히 자신을 괴롭히던 이름 모를 우울증과 영적 눌림 현상의 실체와 그 원인을 발견하고 치유를 통해 완전한 자유함을 누리게 된다. 그리고 그는 말년에는 일반목회를 접고 더 많은 영혼들을 구원하기 위해 치유 사역에만 집중하고 있다.

치유 사역이 필요한 사람들

그렇다면 어떠한 사람에게 깊은 차원의 치유 사역이 필요한지 알아보자.

1. 다른 사람에게 부정적이고 비판적인 태도를 취하는 사람

이런 사람은 대인관계에 늘 억압적이거나 배타적인 태도를 가지든지 아니면 반대로 지극히 의존적인 태도를 갖는다. 또한 화, 증오, 통제되지 않는 혈기로 자신을 괴롭히고 다른 사람에게도 상처를 준다.

김 집사는 직장에서 여러 가지 힘든 일을 겪었다. 지친 몸으로 집에 돌아왔는데 집안은 어질러진 채 엉망이고, 식사도 준비되어 있지 않은 상황을 보고 갑자기 자제력을 잃고 폭발하고 만다. 분노의 영은 그 이후에도 김 집사가 다시 연약해지는 순간을 관찰하고 분노할 만한 상황을 교묘하게 만들어 내면서 비집고 들어갈 틈을 노린다. 그리고 또다시 김 집사가 자제력을 잃고 방심한 순간을 틈타 다시 그에게 들어간다.

이렇게 분노 폭발이 반복되면서 김 집사의 아내는 가족을 향한 남편의 사랑은 변하지 않았지만 뭔가 다른 것이 남편을 점령하는 때가 있음을 감지한다. 이렇게 분노의 영이 김 집사를 정기적으로 통제할 때마다 그는 자기가 가장 사랑하는 가족에게 상처를 주며 그들을 학대한다. 그리고 그 후에는 "내가 왜 이러지?" 하며 부끄러워하고 후회한다.

2. 자신에게 부정적인 태도를 품고 있는 사람

이런 사람들은 자기비난, 자기거부, 수치, 자책감에 시달린다. 실패하는 것을 지나치게 두려워하는 마음, 낮은 자존감과 열등감을 갖고 있고 우울한 성격과 강박적인 태도에 우유부단하고 산만하기도 하다. 기질적으로 여리고 예민한 성격의 사람들이 많으며 성경 말씀을 통하여 하나님께서 우리에게 귀한 가치를 주셨음에도 불구하고 단지 머리로만 이 가치를 인정할 뿐 자신을 향한 감정은 상당히 부정적이다.

3. 하나님께 분노를 가지고 있는 사람

하나님은 전능하신데 이렇게 나쁜 일을 경험하도록 허락한 것은 필경 하나님이 자신을 사랑하지 않기 때문이라는 잘못된 믿음을 가슴에 품고 산다. 그들은 내색은 안하지만 하나님을 예배하면서도 하나님이 비이성적이며, 예측 불허한 변덕스러운 분이라고 생각한다. 하나님이 자유의지와 선택권을 주셔서 인간 스스로 결정하고 선택하게 하신 것 그리고 사탄의 공격에 대한 모든 결과를 모두 하나님 탓으로 돌린다.

이러한 사람들의 내면에는 깊은 두려움이 있는데 죄책감에 대한 두려움, 죽음에 대한 두려움, 가난에 대한 두려움, 거절에 대한 두려움, 상실에 대한 두려움이 그것들이다. 두려움은 우리 자신 안에서 또한 이 세상 안에서 우리가 싸워야 할 가장 강력한 대상이다.

예수전도단의 창시자 로렌 커닝햄(Lauren Cunningham) 목사는 《네 신을 벗으라》(Making Jesus Lord)에서 자신의 삶에 비밀스러웠던 두려움에 대한 이야기를 서술한다. 그는 뛰어난 사역자였음에도 불구하고 자신 안에 있었던 두려움이라는 문제의 근본 원인을 이해하고 다루기까지 많은 시간이 걸렸음을 고백한다. 그의 아내 달린(Darlene)은 그에게 가장 소중한 사람이다. 그런데 신혼 때부터 커닝햄 부부에게 일련의 사고가 일어나는데 그때마다 다치는 것은 아내 달린이었다.

좋은 목회지도 마다하고 하나님 말씀에 순종하여 예수전도단의 설립을 위해 헌신을 결단하고 집으로 돌아오는 고속도로에서 아내가 운전하던 자동차가 전복되는 사고, 사모아에서 선교여행 중 아내가 절벽 바위에서 미끄러져 의식을 잃게 되는 사고, 스위스에서 지내던 시절 380볼트가 흐르는 공업용 세탁기에 아내가 감전되는 사고가 일어났다.

로렌 커닝햄 목사는 사고에서 거의 죽을 뻔한 것은 아내 달린이라는 사실에 주목하기 시작했다. 일련의 사고들은 단순한 사고가 아님을 감지했고 기도하기 시작했을 때 하나님은 꿈을 통해 자신 안에 있는 두려움의 실체에 대해 깨닫게 해 주셨다.

꿈에서 절벽 밑에 한 구의 사체가 있는데 사람들이 모이기 시작했고 내려가 확인해 보니 아내 달린이었다. 화들짝 놀라 꿈에서 깨어났으나 그의 두려움은 좀처럼 사라지지 않았다. 그리고 로렌 커닝햄 목사 안에 내재한 '아내를 잃어버리면 어떻게 하나?' 하는 두려움이 바로 사탄의 공격 목표라는 것을 깨닫게 되었다.

그 두려움은 친할아버지와 연관이 있었다. 할아버지는 목사님이었고 할머니는 아버지가 5살 때 천연두로 세상을 떠났다. 남겨진 5명의 아이들을 위해 할아버지는 서둘러 재혼했지만 많은 상처를 남긴 채 실패로 끝나면서 유능한 설교자로서의 그의 경력에 손상을 입었다. 할아버지는 또 다른 여러 불행한 일들이 일어나 어려움을 겪다가 변두리 작은 교회에서 목회를 마치게 된다.

할아버지의 사역이 할머니의 죽음으로 공격을 받았기에 로렌 커닝햄 목사도 아내 달린이 죽으면 자신도 끝장이라는 두려움을 가지고 있었다. 이 두려움이 사탄으로 하여금 아내 달린을 공격하게 만든 것이었고 그 공격 대상은 바로 로렌 커닝햄 목사 자신이라는 사실도 알게 되었다. 이 사실을 깨닫게 되자 아내를 하나님의 손에 내어드리고 다시는 그런 일이 일어나지 않도록 예수의 이름으로 사탄을 꾸짖었으며 어린양의 보혈로 아내를 덮는 기도를 하기 시작했다. 그리고 놀랍게도 그 후 지금까지 한 번도 사고가 일어나지 않았다.

사탄의 계략은 죄와 상처로 생긴 두려움을 통해 우리를 굴복하게 만드는 것이다. 이것을 파쇄하기 위해서는 먼저 우리 안에 있는 두려움의 원인이 무엇인지 알아낸 후 그것을 하나님의 손에 올려드리고, 우리의 생각, 감정, 의지와 육신을 두려움으로 공격하는 악한 영들을 예수 그리스도 이름의 권세로 결박하며 기도해야 한다. 예수 그리스도의 보혈로 덮을 때 우리 안에 어두움이 사라지기 시작하고 견고한 진이 무너지며 우리는 영적 자유함과 평안의 축복을 누리게 된다.

4. 강박적인 섭식, 흡연, 음주, 마약 복용(중독)자

'강박적인'이라는 단어보다 악한 영의 활동을 더 잘 표현하는 단어는 없을 것이다. 대부분의 강박적인 행위의 배후에는 어두움이 있다. 강박적인 흡연, 음주, 섭식, 마약 복용 등이 그것인데 이런 행위가 뇌에서 화학반응을 일으킨다는 것은 잘 알려진 사실이다.

강박적 섭식은 절제를 상실하면서 폭식하는 일에서 시작된다. 우리는 알코올과 마약의 심각성은 잘 알고 있지만 강박적 섭식(음식의 탐닉)과 카페인 중독은 아무렇지 않게 받아들인다. 우리에게는 습관이다 보니 그것을 영적인 문제로 인식하지 못하는 것이다. 강박적으로 쉬지 않고 말을 많이 하는 것도 이에 해당되는데 말을 많이 하다 보면 입으로 죄를 짓게 되고 험담과 비판의 영을 불러들일 수 있다.

> 누구든지 스스로 경건하다 생각하며 자기 혀를 재갈 물리지 아
> 니하고 자기 마음을 속이면 이 사람의 경건은 헛것이라
> ╱ 약 1:26

중독을 해결하는 과정에서 사람들은 때때로 한 가지 중독을 다른 중독으로 대체하기도 한다. 예를 들면 금연을 한 후 체중이 느는데 이것은 니코틴 중독에서 음식 중독으로 대체된 것이다. 텔레비전은 인식되지 않은 또 하나의 중독이다. 어떤 사람은 TV를 켜지 않

으면 불안해한다. 마치 알코올 중독자들이 술에 자연스레 손을 대듯이 무의식적으로 TV 스위치에 손을 댄다. 이렇게 매일 TV를 보면 알코올 중독보다 더 해로울 수 있다. 인터넷, 게임 중독과 커피나 콜라 같은 카페인 중독도 마찬가지다.

5. 다른 철학, 인본주의 사상에 심취된 사람[13]

데릭 프린스 목사는 치유 사역자로 그의 이야기는 우리에게 시사하는 바가 크다. 그는 영국인 기독교 가정에서 태어나서 첫 5년을 인도에서 보냈다. 당시 상류층이 그렇듯이 어머니는 인도인 유모에게 데릭을 맡겼는데 유모는 독실한 힌두교도였고 어린 시절 데릭에게 가장 큰 영향을 주었다. 그 결과 유년시절 내내 어떤 사악한 힘이 자신이 가는 곳마다 그림자처럼 따라다니는 느낌을 자주 받았다고 한다.

그가 십대가 되었을 때는 인도에 대해 아름답고 좋은 이미지를 갖게 되어서 서양의 물질문화보다 더 고차원적이고 심원한 지혜의 근원인 요가를 공부했고, 요기(요가 선생)가 되려고도 했다. 그는 케임브리지 대학에서 그리스 철학을 공부했고 플라톤 철학을 전공했다. 당시 그의 영웅은 소크라테스와 플라톤이었다.

제2차 세계대전 중 어느 날 데릭 프린스는 예수 그리스도를 인격적으로 만났다. 그는 그 밤에 한 시간 이상 병영 막사의 바닥에 누워 있었다. 처음에는 격렬하게 흐느껴 울다가 잠시 후 자신 안에서 기쁨의 샘이 솟아나더니 웃음이 파도처럼 흘러넘쳤다. 그 경험을 하기 전에는 예수님을 훌륭한 선생이자 롤모델로 인정했지만 하나님의 아들로는 받아들이지 않았다. 그날 자신이 인도인 유모를 통해 들어온 요가의 영으로부터 풀려났다는 것을 알게 되었고, 그 요가의 영이 신앙생활을 하면서도 예수를 하나님의 아들로 믿지 못하게 가로막고 있었다는 것을 깨닫게 되었다.

예수님과의 초자연적인 만남 이후 인생의 진로를 완전히 바꿔 목사가 되었지만 여전히 그의 사고방식은 플라톤의 영향을 많이 받고 있었으며 플라톤의 저서 일부를 참고문헌으로 보관하고 있었다. 사실 고대 철학의 대표자인 플라톤은 우주의 신비에 관한 계시를 받기 위해 이집트 오컬트 문학에 관심을 가졌고, 소크라테스 역시 부두교에 속해 있었다.

인본주의는 본래 그리스 철학에 뿌리를 두고 있으며 오늘날 하나님을 대적하는 가장 강력한 세력 중 하나다.

데릭 프린스 목사는 목회하면서 심각한 우울증에 걸린 이들에게 영적인 도움을 주고 기도해 주었는데, 이들 중 상당수가 신비술인 오컬트와 관련이 있음을 발견했다. 그러면서 자신도 어렸을 적 인도에서의 경험과 철학적 경험이 자신의 우울증에 영향을 주었음을 알게 되었다.

예수께서 대답하여 이르시되 너희가 사람의 미혹을 받지 않도
록 주의하라 / 마 24:4

마지막 때에는 사탄이 우는 사자와 같이 삼킬 자를 두루 찾아다
니며 성도로 하여금 믿음과 진리에서 떠나게 하여 방황케 하는 일
들이 많아지는데 예수님도 이것을 예언하신다.

위 구절에서 나오는 '미혹하다'라는 말의 원어 '플라나오'는 도
덕적인 의미보다 공간적, 물리적인 의미로 '길을 잃게 하다', '진리
에서 벗어나게 이끌다'라는 뜻이 담긴 지적인 면에서의 유혹을 말
한다. 유사한 단어로 '아파타오'는 '속이다', '기만하다'라는 뜻으로
감정적인 면에서 유혹하는 행위를 말하는데, 말세에는 감정적인 유
혹보다 지적인 면으로 미혹되는 자들이 많이 나온다고 한다.

랜디 알콘(Randy Alcorn)의《악의 문제 바로알기》(If God is Good)를
보면 무신론을 대변하는 책《고통, 인간의 문제인가, 신의 문제인가》
(God's Problem)의 저자 바트 어만(Bart Ehrman)의 이야기가 나온다.

고통의 문제는 오랫동안 나를 쫓아다녔다. 내가 어릴 적에 종교에 관
해 생각하기 시작한 것도 이 문제 때문이고 나이가 들어 신앙에 회의
를 느낀 것도 이 문제 때문이다. 고통의 문제는 결국 내가 믿음을 버
린 이유이기도 하다. 나는 인생의 대부분을 독실한 크리스천으로 살

왔다… 고등학교에 입학한 후 신앙 클럽에 들어가 '거듭남'을 경험했다… 거듭날 때 내 믿음이 한 단계 올라가는 느낌을 받았다.

신앙이 깊어진 나는 근본주의 성경 대학인 시카고의 무디성경학교 (Moody Bible Institute)에 들어가 목회 훈련도 받았다. 나는 휘튼 대학에 들어가 헬라어를 공부했고 프린스턴 대학에서 신학 석사학위와 이어서 신약 박사학위를 받았다.

나는 기독교에 관한 중요한 자격들을 갖추었으며 뼛속까지 크리스천이었다. 나중에 믿음을 잃기 전까지는 그랬다. …하지만 그러다가 믿음을 잃기 시작했다. 그리고 이제는 완전히 잃었다. 더 이상 교회에 가지도 않고 예수를 믿지도 않는다. 나는 더 이상 크리스천이 아니다.

서양의 기독교 배경에서 자라난 많은 사람들이 무신론과 이신론 (하나님이 세상을 창조하셨지만 더 이상 이 세상에 관여하지 않으신다는 이론) 그리고 이단과 사설에 빠지는 이유는 자신의 삶과 세상 가운데 일어나는 악의 문제, 고통의 문제를 해결하지 못하기 때문이다. 바트 어만은 종교학 교수로 일하면서 예수님이 실존하지 않았다는 것을 증명하기를 애쓰며 하나님을 대적하는 자가 되었다. 이렇게 되기까지 그를 쫓아다니던 삶의 고통의 문제는 무엇이었을까?

여호와의 이름을 부르는 자는 구원을 얻으리니[14]

데릭 프린스 목사는 제2차 세계대전 후 영국으로 돌아가 목회를 시작한다. 매주 새로운 사람들이 주님을 영접했고 치유의 기적과 성령의 초자연적인 권능도 경험했다. 그럼에도 불구하고 내적인 좌절감을 늘 느끼고 있었는데 "다른 사람들은 성공할지 모르나 너는 아니야!"라는 내면의 목소리를 자주 들었고 설명하기 힘든 이상한 우울감에 시달렸다.

데릭 프린스 목사의 인생은 주님을 인격적으로 영접하기 전까지는 성공의 연속이었다. 열세 살 때 이튼 칼리지에서 왕실 장학생으로 선발되었고 케임브리지 대학교 킹스 칼리지의 수석 장학생으로 진학했다. 대학에서 라틴어와 헬라어, 문화 및 역사과목 부문에서 1급 학위를 받고 졸업한 뒤 케임브리지 대학교 선임 연구원으로 공부를 계속했고 스물네 살에 케임브리지 킹스 칼리지 특별 연구원이 되었다.

2차 세계대전 때 의무부대에서 근무할 때도 최고 모범상을 받았다. 엘리트 중의 엘리트였던 그가 군 복무기간에 예수 그리스도와의 초자연적인 만남을 경험하고 완전히 바뀌었다. 그러나 그의 삶에는 풀리지 않는 미스터리가 있었다.

그가 하나님을 무시하고 자신의 계획대로 걸어갔을 때 그의 삶은 성공의 연속이었다. 하지만 자신의 삶을 하나님께 드리고 그분을 전심으로 따르기로 하자 결코 자신은 성공을 기대할 수 없다는 어떤 의식이 계속해서 자신을 짓눌렀다.

그는 자신의 구원에 대해 의심해본 적은 없지만, 이런 갈등을 경험하면서 때때로 우울함이 회색 안개처럼 그를 감싸며 내려앉는 걸 느꼈다. 그때 자신은 고립되었고 가장 가까운 아내와 딸들과도 의미 있는 대화를 할 수가 없었으며 도움을 청할 만한 목사도 주위에 없었다.

그는 우울증과 같은 증세를 떨쳐버리기 위해 알고 있는 모든 영적 수단을 동원했다. 매일 적어도 두 번 성경말씀을 충실히 읽었고 일주일에 한 번 금식했다. 어느 때에는 며칠 또는 일주일씩 금식을 하기도 했다. 그럴 때 잠시 우울증상은 걷혔지만 어김없이 다시 찾아왔다. 그럴 때마다 절망감은 점점 더 깊어져 갔다. 그러던 중 다음 말씀을 읽을 때 그에게 섬광 같은 깨달음이 임했다.

> 무릇 시온에서 슬퍼하는 자에게 화관을 주어 그 재를 대신하며
> 기쁨의 기름으로 그 슬픔을 대신하며 찬송의 옷으로 그 근심을
> 대신하시고 그들이 의의 나무 곧 여호와께서 심으신 그 영광을
> 나타낼 자라 일컬음을 받게 하려 하심이라 / 사 61:3

여기서 '근심'이란 영어로 무거움의 영(the spirit of heaviness, KJV)이다. 이 단어는 다른 번역에서 낙담의 영(a spirit of despair, NIV), 의

기소침의 영(a spirit of fainting, NASB)으로 번역된다. "그렇다면 내가 지금까지 싸워온 근심과 염려, 우울함이 나 자신이 아니라 어떤 다른 존재, 즉 내 마음 한 부분을 점령한 악한 영이었단 말인가?"

데릭 프린스 목사는 이때 처음 자신 안에 있는 어떤 영의 실체를 깨닫게 된다.

그는 갑자기 자신의 아버지가 생각났다. 프린스 목사의 아버지는 기독교인으로 선하고 도덕적이며 대령으로 성공한 영국 장교였다. 그는 98% 영국 신사처럼 행동했다. 그러나 나머지 2%의 시간에는 원래 성격과 전혀 다른 모습을 보이곤 했는데 사소한 일에 크게 화를 냈고 그런 일이 일어나면 어머니와도 말을 하지 않은 채 24시간 동안 경직되어 돌 같은 침묵 속으로 빠져들었다. 그러다가 본래의 정중한 모습으로 돌아오곤 했다.

그리고 아버지를 따라다닌 것과 비슷한 '어두운 영'들이 데릭 프린스 목사를 어린 시절부터 계속 따라다녔다는 것을 알 수 있었다. 분명히 그 영은 그의 기질을 관찰했고 그의 약점과 반응을 잘 파악하고 있었다. 그 영은 언제 그에게 압박을 가해야 하는지 그리고 그에게 가장 취약한 게 무엇인지 잘 알고 있었다. 그 영의 한 가지 목적은 데릭 프린스 목사가 효과적으로 예수님을 섬기지 못하도록 막는 것이었다.

이것을 깨닫는 순간은 또 다른 영적 세계가 열리는 시간이기도

했다. 데릭 프린스 목사는 항상 자신의 우울증과 부정적인 태도가 타고난 성격 탓이라고 생각했기 때문이었다. 그래서 좀 더 나은 그리스도인이 되지 못한 것에 대해 죄책감을 가지고 있었다. 그러나 이제 그것이 자신의 인격 문제가 아니라는 것을 분명하게 알게 되었다.

> 누구든지 여호와의 이름을 부르는 자는 구원을 얻으리니
> / 욜 2:32

히브리어로 '구원을 얻다'(be delivered)라는 동사는 '구하다'(save), '구출하다'(rescue)라는 의미도 있다. 데릭 프린스 목사는 이 약속의 말씀을 자신에게 적용하면서 기도를 드렸다. "주님! 제가 무거움의 영에 눌려 살아온 것을 주님께서 보여 주셨습니다. 주님의 이름을 부르면 구원을 받는다고 말씀하고 약속하셨지요. 저를 구원해 주시옵소서! 예수님 이름으로 기도합니다!"

기도에 대한 반응은 즉시 일어났다. 하늘에서 거대한 진공청소기 같은 것이 내려와서 머리와 어깨를 감싸고 있던 회색 안개를 빨아들였다. 동시에 가슴 언저리를 누르고 있던 압박감이 '획' 하고 떠나가면서 잠시 숨이 막히는 것 같았다.

갑자기 주변의 모든 것이 더 밝아 보였고 무거운 짐이 어깨에서 벗어진 것 같았다. 해방된 것이다. 그때까지 데릭 프린스 목사의 삶은 언제나 그 눌림 아래 있었기 때문에 갑자기 자유로워진 것이 이

상하게 느껴졌다고 한다.

그러나 과거의 적은 데릭 프린스 목사를 쉽게 포기하지 않았고 그 후에도 계속 우울증과 싸워야 했다. 그러나 큰 차이점은 이제 그 공격이 내부에서 오지 않고 외부에서 온다는 사실이었다. 그리고 점차 기도와 말씀을 통해서 그 공격을 이겨 내는 방법을 배워 가기 시작했다.

적의 주된 목적은 데릭 프린스 목사 안에 비관적인 생각과 태도를 유발하는 것이었다. 모든 것이 잘못되어 가는 것처럼 보일 때면 그는 앞으로 일어날 일에 대하여 부정적인 예상을 하기 시작했고 그러면 너무도 익숙한 그 회색 안개가 자신의 머리와 어깨 위로 내려앉기 시작하는 것을 느끼곤 했었다. 그때 하나님은 또 하나의 중요한 교훈을 주셨는데 그것은 자신의 생각을 스스로가 지키고 분별해야 한다는 것이었다.

> 우리는 낮에 속하였으니 정신을 차리고 믿음과 사랑의 호심경을 붙이고 구원의 소망의 투구를 쓰자 / 살전 5:8

소망을 꿈꾸는 삶이란 혼란스럽고 불안한 삶 속에서 영원한 반석이신 예수님께 시선을 고정시킬 때 가능해진다. 또한 구원의 투구를 쓴다는 것은 자신의 생각을 지키는 것을 말하는데 원수가 다가

와서 부정적이고 비관적인 생각을 일으킬 때마다 성경 말씀으로 반격하도록 훈련해야 하는 것이다.

① 가령 일이 잘못되어 가고 있다고 악한 영들이 속삭이면 다음 말씀으로 반격한다.

우리가 알거니와 하나님을 사랑하는 자 곧 그의 뜻대로 부르심을
입은 자들에게는 모든 것이 합력하여 선을 이루느니라 / 롬 8:28

② '너는 결코 성공하지 못할 거야'라고 속삭이면 다음 구절로 대적한다.

내게 능력 주시는 자 안에서 내가 모든 것을 할 수 있느니라
/ 빌 4:13

③ 영적 공격을 당하면 다음 말씀으로 대적하며 기도한다.

내가 너희에게 뱀과 전갈을 밟으며 원수의 모든 능력을 제어할
권능을 주었으니 너희를 해칠 자가 결코 없으리라 / 눅 10:19

완전한 승리가 즉시 오지 않더라도, 기도하면 시간이 흐르면서 우리의 정신적 반사신경이 강해지고, 악한 영들이 부정적인 말을

속삭이더라도 거의 자동적으로 그 반대되는 하나님 말씀으로 반격하게 된다. 이 정도 수준까지 되면 승리의 고지는 얼마 남지 않은 것이다. 또한 지속적인 감사와 찬양은 악한 영들을 내쫓는 분위기를 만들어 주기 때문에 힘들 때 감사를 선포하고 찬양을 하거나 찬양곡을 틀어놓는 것도 효과적이다.

이렇게 되면 이전에 우리를 공격했던 악한 영은 더 이상 우리에게 시간 낭비를 하지 않게 된다. 사역으로 부르심을 받은 사람들, 영적으로 깨어 있어 다른 사람들에게 영향력을 줄 수 있는 사람들은 사탄의 주요 공격 대상이기 때문에 그들이 사역을 포기하도록 가차 없이 압력을 가하고 고통을 준다. 그러나 예수님의 방법을 따라 말씀을 가지고 영적 분별을 통해 기도하며 나아갈 때 우리의 삶은 놀라운 치유와 자유를 경험하게 될 것이다.

오늘날 우울증, 영적·정신적·정서적 속박장애 증세를 보이는 사람이
너무나 많지만 이 분야에 대해서는 여전히 무지하다.

예수 그리스도에게만 구원이 있다.
하나님의 능력의 말씀과 십자가 보혈의 능력을 붙들고 기도할 때
견고한 진들이 파괴되며 속박장애에서 치유되고 회복될 것이다.

Chapter 9

◇◇◇◇◇

신비력 속박장애 치유

-

무속적인 모든 것과 절연하라

|||||||||||| 신비력 속박장애는 무엇인가?

너는 나 외에는 다른 신들을 네게 두지 말라 / 출 20:3

진언자나 신접자나 박수나 초혼자를 너희 가운데에 용납하지 말
라 이런 일을 행하는 모든 자를 여호와께서 가증히 여기시나니
/ 신 18:11-12

신비력(Occult)의 사전적 의미는 '과학적으로 해명할 수 없는 신비적·초자연적 현상 또는 그런 현상을 일으키는 기술'이다. 이것은 점술이나 마법술, 주술, 무당술 그리고 타 종교에 관여하는 일을 말한다. 이런 신비술에 가담했던 사람들이 겪는 심리적 장애와 삶 속에서 경험하는 갖가지 정신적, 정서적 불안정한 증상을 신비력 속박장애라고 하는데 이 증상은 그들이 예수 그리스도에게 자신을 드리려고 마음먹기 시작했을 때 가장 강하게 역사한다고 한다.

오컬트로 인한 장애를 가진 사람들 중에는 기독교로 개종한 직후 돌연 우울증 환자가 되거나 하나님께 헌신하려는 순간 어려움이 더 가중되는 경우가 있다. 이들이 믿음 없이 세상 속에 살아갈 때는 아무 탈이 없었는데 이런 어려움을 겪는 이유는 사탄의 공격을 받았기 때문이다. 어떤 사람이 사탄의 하수인 노릇을 하거나 그가 사탄의 관리 하에 머물러 있는 한 괴롭히지 않지만, 자신의 진영을 빠져나가려는 기미를 보일 때 반격을 시작하는 것으로 해석된다.

언젠가 서우경 교수 간증을 들은 적이 있는데 매우 충격적이었다. 독실한 불교 가정에서 태어나고 자라난 그녀는 대학원에서 불교에 관한 논문을 제출하고 돌아오는 날 초자연적으로 찾아오신 하나님을 만났다. 그런데 그 후 3년간 육체적, 정신적, 영적 고통을 겪었다. 그 고통 중에도 하나님은 신실하게 그녀를 인도하셨고, 그 과정에서 온 가족이 예수를 영접하게 되었다. 그 후 치유된 그녀는 완전히 하나님의 사람으로 거듭나 예수 그리스도의 증인된 삶을 살고 있다. 그녀의 모습을 보면서 문득 내가 처음 기독교 신앙에 입문하던 시절이 생각났다.

기독교 가정의 3대 독자로 태어나 나를 전도한 남편 덕분에 나는 하나님을 만났다. 나의 삶에 역사하신 하나님의 은혜는 드라마틱했지만 한편으로 나는 치열한 영적 전쟁을 치르고 있었다. 믿는 사람이라곤 한 명도 없는 친정, 반기독교적인 색채가 강한 역사학자 아버지, 일 년에 여러 번 제사를 지내며 무신론의 영향을 받고 살아온 내가 기독교 신앙을 갖게 되고 성령의 역사가 일어나면서 하나님의 놀라운 은혜를 받기 시작하자 설명하기 어려운 영적, 정신적, 육체적 고통이 따라다녔다.

하나님의 은혜로 이 모든 어려움을 극복하고 목사의 자리까지 왔다. 교회에 들어와 보니 1대 신앙을 가진 사람들이 비교적 이러한 어려움을 겪고 있다는 사실을 알게 되었다. 우리나라의 문화적, 역사적 배경을 감안할 때 우상숭배와 제사문화에서 자유로운 가정은 아마 없을 것이다. 그렇기에 이런 문제들을 고민하고 연구하지 않을 수 없었다.

5년 전 CTS 기독교방송에서 상담 프로그램을 진행한 적이 있었다. 상담 내용 중 기독교 집안에서 태어났지만 안 믿는 남자와 결혼하여 불신 가정의 며느리로서 겪는 어려움을 호소하는 사례가 가장 많았다. 그 다음으로 타 종교나 무속신앙에 깊이 관여했던 사람이 개종 후에 겪는 영적, 정신적 고통을 호소하는 사례가 두 번째로 많았다. 그들이 겪는 고통을 들을 때 섬뜩하게 느껴지기까지 했는데, 그들 가운데 있는 어두움의 역사가 지금도 생생하게 기억난다.

악령론의 세계적 권위자인 쿠르트 코흐 박사(Dr. Kurt Koch)에 따르면, 기독교 전통이 있는 유럽과 미주 지역에서 점술이나 마법술을 행했던 사람이 기독교 신앙을 가질 때 그런 것에 가담하지 않았던 사람들보다 어려운 문제가 더 많이 발생한다고 한다. 이러한 속박장애 현상은 그들의 성격에도 영향을 미치는데 불같이 성내는 기질, 다툼, 탐욕, 오만한 성격들로 인해 자신뿐만 아니라 주위 사람들도 괴로움을 당하게 된다는 것이다.

이러한 영적 전쟁이 그들 삶에 시작되면 거의 미친 사람처럼 행동하기 때문에 가족이나 의사들은 "종교생활을 지나치게 열심히 하다 보니 그렇게 된 것 같습니다. 교회에 나가지 말고 말씀이나 기도도 하지 마십시오!"라고 권유한다. 하지만 이런 조언은 영적 원리를 전혀 모르고 하는 말이다. 참 생명의 빛 가운데로 나아가는 것을 방해받고 있다고 해서 다시 후퇴하여 어두움으로 돌아가는 것은 어리석은 일이며, 사역자나 중보기도자의 도움을 받아 말씀과 기도로 정면 돌파해야 승리할 수 있다.

점술이나 마법술, 주술을 행했던 사람은 예수를 믿는 것이 매우 힘들다. 이미 그리스도인이 된 사람이 이런 행위를 하게 된다면 그 사람은 정신적, 감정적 속박 현상으로 신앙생활에 많은 어려움을 느끼게 될 것이다. 신비술에 가담하고 그런 영을 가진 가정의 사람들은 그렇지 않은 사람들보다 더 쉽게 정신질환에 걸린다는 보고도 있다.

독일의 한 부부가 그리스도인이 된 후 자주 아파서 의사를 찾아갔으나 나아지지 않았다. 그래서 주술사를 찾아갔는데 어느 정도 효과가 있었다. (어두움의 영들도 현상적으로 이런 것들을 할 수 있다.) 그런데 매일 밤 그들에게 시커먼 사람의 형체가 보이는 고통스런 현상이 발생하자 목사님에게 자신들의 죄를 고백하고 함께 기도하기 시작했다.

"우리는 더 이상 당신을 따르지 않는다! 예수님께서 우리를 풀어 주셨다! 우리는 너와 절연한다!"라고 선포하며 기도했는데 놀랍게도 그 이후 그들은 평화를 누리게 되었다고 한다.

신비력 속박장애의 영적 관련성[15]

쿠르트 코흐 박사는 40년간 기독교계에서 일하면서 2만여 명의 영적 치료와 상담을 해 왔는데 그의 연구결과에 따르면, 영적, 정서적 불안정과 눌림과 같은 속박장애의 근본 원인이 신비술과의 접촉이었으며 그들이 겪는 우울증은 신비술과의 접촉에 따른 결과라고 보고한다.

물론 우울증의 원인은 다양하다. 기질과 유전이 원인이 되거나 생활 스트레스의 결과로 생기는 것, 또는 신체조직의 결함으로 발생한 우울증도 있지만 신비술과의 접촉으로 인해 생긴 우울증 역시 있다는 것이다.

정신과 의사 리드 박사(Dr. William S. Reed)는 "많은 정신적, 육체적 질환이 사실은 귀신(악령)의 공격에 기인하는 것이다. 따라서 현대의 정신의학이나 내과의학의 범주 내에서 악령을 쫓아내는 치료 행위가 적절한 위치를 확보해야만 한다"고 말했다. 쿠르트 코흐 박사는 "정신의학자들은 정신적인 질병 중 상당수가 영적인 문제임에도 불구하고 그것을 배제한다. 그 결과 지난 100년 동안 다른 의학, 특히 외과 영역에는 눈부신 발전이 있었지만 정신의학은 발전이 부진했다. 그 이유가 여기에 있다"고 말한다.

독일의 어떤 그리스도인 신경과 의사는 "내가 근무하고 있는 정신병원의 입원환자 중 60%는 정신질환으로 시달리는 것이 아니라 신비력 속박장애와 악령 들림 현상으로 시달리고 있다"고 말하면서, 정신병동에서 일했던 직원들의 자살률이 다른 의료진들에 비해 높다고 지적했다. 이러한 사람들을 도와줄 수 있는 것으로 약물은 한계가 있으며, 능력의 말씀을 가지고 기도하는 것만이 그들을 도울 유일한 방법이라고 말했다.

> 이르시되 기도 외에 다른 것으로는 이런 종류가 나갈 수 없느니
> 라 하시니라 / 막 9:29

서울아산병원 정신과 김병수 교수는 "자살이 유전될 확률은 40~50%에 이른다"며 가족 중 자살 사망자가 있을 때 나머지 가족의 자살 확률은 일반 가정보다 2~3배 더 높은 것으로 밝혀졌다고 말했다. 심리적 충격이라는 요인을 배제할 수는 없겠지만 유전적 부분이 상당 부분 기여하는 것으로 추정된다는 것이다. 소설가 어니스트 헤밍웨이처럼 본인은 물론 부모, 형제 등 전 가계가 자살로 점철된 사례가 결코 우연은 아닌 셈이다.

신비술은 종족, 언어, 지역 및 문화적인 차이점은 있지만 5000년 전이나 지금이나 마법, 주술, 무당술의 기법은 동일하다. 특별히 아시아, 아프리카, 남아메리카에는 다른 지역보다 영매 성향의 세계관을 가지고 있는 사람들이 많다고 한다.

뉴질랜드 해밀턴(Hamilton)시 정신병원에서 신경치료를 받고 있는 신경정신과 환자의 50%가 마오리 부족신앙의 산물이라는 발표가 있었다. 그리고 발리섬의 병원 입원 환자 중 85%가 신경정신과 환자인데 지금도 이곳에서는 흑색마법(죽음의 마법)이 행해지고 있다.

한국은 IT 강국, 경제대국이라고 불리지만 우리 민족 안에 있는 뿌리 깊은 샤머니즘, 미신과 우상숭배가 21세기인 현대에도 공공연히 행해지고 있다. 2011년 〈인터내셔널헤럴드트리뷴〉(IHT)에 의하면, 체면을 중시하는 문화와 급속한 산업화 속에 한국의 자살률이 치솟고 있지만 전문적인 정신·심리 상담치료를 기피하고 있으며 우울증·불안장애 환자 중 상담치료를 받는 비율은 3분의 1 정도에 불과하다고 한다.

한국인은 전통적인 방법으로 문제를 해결하려는 경향이 강해 무속인의 수요가 급증, 전국적으로 무속인이 30만 명에 이른다고 이 신문은 전했다. 서울대병원 정신과 윤대현 교수는 "한국인 중에는 정신과 전문의보다 무당·역술인을 찾아 상담하는 사람이 더 많을 것"이라며 "사주카페와 사주살롱이 정신과 의사들의 경쟁상대인 셈"이라고 말한다.

한국기독교목회자협의회(한목협)가 발표한 '2012 한국인 종교생활과 의식조사'에 의하면, 기독교인의 30%가 혼합주의적 성향을 가지고 있으며, 점을 치고 관상, 사주팔자, 윤회를 믿고 유일신과 재림을 믿지 않는다는 결과가 나왔다. 개신교인의 60.7%가 건강, 재물, 성공, 친교, 평안을 위해 교회에 다니며, 구원과 영생, 구도적인 동기로 교회를 다니는 교인은 31.6%에 그쳤다. 그리고 기독교인의 90%가 무속 신앙적인 성향이 있다고 한다.

이것은 한국인의 기복적인 성향과 깊은 관련이 있는데 무속 신앙적인 행태로 사역자에게 자신의 진로 결정을 의뢰하거나 자신이 원하는 말을 들을 때까지 예언기도를 지속적으로 받는 성도들의 사례가 그런 경우다.

21세기인 지금도 개업이나 어떤 프로젝트를 시작할 때 고사를 지내고 돼지머리에 돈을 집어 주며 절하는 어처구니없는 모습을 볼 수 있다. 민속 문화, 전통 행사라는 명목으로 공공연히 굿거리를 하고 심심풀이로 점을 보고, 문화체험이라며 템플스테이를 즐기는데 이런 행사에 그리스도인들이 참여하는 것은 매우 어리석은 일이다.

놀라운 점은 마법술과 무당술은 이슬람이나 불교 및 힌두교의 믿음과 대치하지 않는다는 사실이다. 마법술과 무당술에 가담했을 때 어려움을 당하는 사람은 그리스도인들과 하나님을 경외하는 소수의 유대인들뿐이다. 달리 말하면, 우주만물을 지으신 하나님과 그의 아들 예수 그리스도를 경배하는 기독교를 제외한 모든 세상의 종교는 영매성 현상과 야합한다고 할 수 있다. 이런 사실은 하나님만이 참 신이요, 예수 그리스도만이 하나님께로 갈 수 있는 참된 길이요 진리요 생명임을 증명한다.

> 만일 사탄이 사탄을 쫓아내면 스스로 분쟁하는 것이니 그리하고야 어떻게 그의 나라가 서겠느냐 / 마 12:26

영매력 [16)]

영매(medium)란 보이지 않는 힘(정령)과 인간 사이에 끼어들어 중재하는 사람을 뜻한다. 조사에 의하면, 동양인의 90~95%가 영매 성향을 나타내는 데 반하여 서구인은 5% 이하라고 한다. 만약 할아버지가 무당, 심령술사, 마법사라면 그 사람의 자녀뿐만 아니라 손자나 손녀들도 영매 성향을 타고나며, 이런 사람들과 접촉하면 전이 현상으로도 영매력이 생성될 수 있으므로 우리는 재미로라도 결코 가담해서는 안 될 것이다.

영매력을 가지고 있으면 건전하고 균형 잡힌 신앙생활을 하는 데 방해를 받으며, 기질적으로 예민한 사람 중에는 영매 성향으로 고통받는 이들도 있다.

기독교로 개종하고 회심한 이후 영매력은 대개 사라지지만 경우에 따라서는 본인도 자각하지 못한 채 영매력을 그대로 지닐 수 있다.

그런데 문제는 이러한 영매력을 성령이 주신 은사로 생각할 때 오류를 범하게 된다. 영매력은 예수 그리스도 이름의 권세와 보혈의 능력으로 기도할 때 그 효력을 상실한다. 신비술과 관련된 행위로는 다음과 같은 것들이 있다.

1. 주술(굿) 치료
2. 요가, 명상
3. 점술, 점성술
4. 최면술, 마술
5. 부적
6. 혈맹, 사탄숭배(흑색미사)
7. 이단
8. 불교
9. 유교, 제사
10. 크리스천 사이언스교회, 몰몬교회, 여호와의 증인, 이슬람교

기체조, 단전호흡같이 건강과 관련된 것과 점이나 카드놀이 같은 놀이문화도 사람들을 영적 위험에 처하게 할 수 있다. 영매적인 내용을 담은 영화나 마술, 무속인들을 신비적으로 미화하는 드라마가 최근 많이 방영되는데 이것은 매우 우려스러운 현상이다.

신비술에 가담했던 사람이나 가족들이 그리스도인이 된 후에도 설명하기 어려운 압박 장애로 힘겹게 지내는 이유를 정확히 알기란 사실상 어렵다. 만약 신비력 속박장애 때문에 고통을 겪는다면 일반 정신과 의사나 심리학자 그리고 이런 분야를 터부시 하는 기독교 사역자에게서는 아무런 도움을 얻지 못할 것이다.

현대에 우울증, 영적·정신적·정서적 속박장애 증세를 보이는 사람이 너무나 많지만 이 분야에 대해 여전히 무지한 상태에 있고, 이런 증세로 고통받고 있는 그리스도인들을 도울 수 있는 기독교계의 사역자가 턱없이 부족하다는 것이 우리의 안타까운 현실이다.

쿠르트 코흐 박사는 복음전도 집회에서 신비술 강연을 하면 그곳의 영적인 견고한 진들이 허물어져 내리는 것을 본다고 말한다. 그러므로 이런 현상의 실체에 대해서 신자들에게 알리고, 사역자들은 말씀과 기도로 이런 증상들을 이길 수 있도록 도와줘야 한다고 역설한다.

예수 그리스도에게만 구원이 있다. 자유롭기를 원하는 자들은 기꺼이 자신의 삶을 그리스도께 온전히 맡겨야 하며, 하나님의 능력의 말씀과 십자가 보혈의 능력을 붙들고 기도할 때 견고한 진들이 파괴되며 이런 속박장애에서 치유되고 회복될 것이다.

> 이르되 주 예수를 믿으라 그리하면 너와 네 집이 구원을 받으리라 / 행 16:31

치유를 위한 점검

1. 신비술에 관련된 모든 물건을 없애라

> 너는 가증한 것을 네 집에 들이지 말라 너도 그것과 같이 진멸 당할까 하노라 너는 그것을 멀리하며 심히 미워하라 그것은 진멸 당할 것임이니라 / 신 7:26

신비술에 관련된 물건에 해당되는 것은 부적, 마스코트, 행운의 장신구, 타 종교에 속하는 각종 신상, 제례품, 악마의 형상을 나타내는 가면이나 탈, 각종 우상들을 말한다. 그러므로 선교지에서 기념품으로 받은 목각 형상을 가져오는 것도 신중해야 한다. 새롭게 조각되고 어떤 신에게도 헌납되지 않은 것이라면 위험성이 없지만 새롭게 조각된 신상을 그 지역의 신에게 헌납하는 관습이 있는 지역과 나라도 있기 때문이다.

영국 장교였던 데릭 프린스 목사의 아버지는 중국에 근무하던 시절 중국 황실의 용 문양 자수가 새겨진 액자를 집으로 가져왔다고 한다. 데릭 프린스 목사는 목사가 된 후에도 가보처럼 거실에 장식해 놓았다고 한다. 그런데 자신의 사역이 이유 없이 부진하고 무엇인가에 방해받고 있다고 느끼던 어느 날 용 문양의 액자에 시선이 멈추게 되었다. 용이 악의 상징이라는 것을 깨닫게 된 데릭 프린스 목사는 신명기 말씀(7:26)대로 예수 그리스도의 이름을 더럽히는 것이나 악한 영에게 문을 열어 주는 그 어떤 물건도 소유하지 않겠다고 결심하고 이 액자를 처분했다.

뿐만 아니라 데릭 프린스 목사는 우아한 아라비아 서체가 새겨진 물건(무하마드와 알라신을 찬양하는 글귀가 새겨져 있었다.)도 처분했는데 그 후부터 자신의 사역이 막힘없이 펼쳐지게 되었다.

어떤 종류든지 우리 삶에 오컬트가 지속적인 영향을 미치도록 묵인하는 것은 자신을 악한 세력에게 노출시키는 행위이며, 거짓 종교나 오컬트에 사용되는 물건들을 가지고 있는 것은 지혜롭지 못하다.

그러므로 취미나 재산 증식의 수단으로 미술품, 골동품을 수집

할 때도 그리스도인들은 신중할 필요가 있다.

2. 영매성 접촉과 교제를 끊고 자신의 죄를 고백하고 회개하라

> 만일 우리가 우리 죄를 자백하면 그는 미쁘시고 의로우사 우리
> 죄를 사하시며 우리를 모든 불의에서 깨끗하게 하실 것이요
> ／ 요일 1:9

운동을 목적으로 하는 일반 요가와 달리 수양의 목적이 강한 정통 요가를 하러 다니는 사람은 기독교 신앙을 잃어버리게 될 가능성이 크다고 한다. 그리스도인으로서 점을 보거나 제사에 가담하고 있다면 이것을 끊고 자신의 죄를 회개할 필요가 있다.

오컬트는 타락한 이들의 눈에는 엄청나게 매력적으로 비쳐지는데, 과거 어느 때보다 물질 만능의 시대인 현대에는 더욱 그렇다. 지식과 힘과 부(富)에 대한 인간의 욕망은 어마어마하다. 인간은 자연적인 방법을 통해 이러한 욕망을 어느 단계까지는 채울 수 있지만, 더 이상 만족하지 못할 때 초자연적인 힘을 빌리게 된다. 이때 오컬트에 사로잡히는 것이다.

현대의 강력한 우상숭배는 부를 관장하는 맘몬이다. 돈을 위해서라면 영혼(양심)을 파는 행위도 오컬트에 속한다. 우주의 초자연

적인 지식과 힘의 원천은 두 가지밖에 없다. 하나님과 사탄이다. 회
색지대란 없다.

3. 온전한 헌신과 순종이 없는 신앙생활을 경계하라

신앙생활을 하고 기도하는데도 불구하고 우울증, 정신적·감정적
속박 현상이 일어나는 가장 큰 이유 중 하나는 온전한 헌신이 없기
때문이다. 기회주의적이고 구복적인 신앙 형태의 사람들에게는 주
를 위한 헌신과 순종이 없다. 세상의 향락은 다 누리면서 아울러 천
국도 가자는 양다리 걸친 신앙인데, 영적 세계에서는 매우 위험한
일이다.

> 순종이 제사보다 낫고 듣는 것이 숫양의 기름보다 나으니 / 삼상 15:22

어떤 청년이 하나님께 인생의 동반자를 주실 것을 구했다고 한
다. 어느 날 아름다운 한 아가씨를 보곤 한눈에 반해 버린다. 그러
나 그녀는 믿는 사람이 아니었다. 그는 사랑에 빠졌고 그녀를 하나
님께로 인도할 수 있을 것이라 생각했다. 그때 내면에서 하나님의
음성이 들렸다.

"너희는 믿지 않는 자와 멍에를 함께 메지 말라"(고후 6:14).

청년은 하나님의 경고를 무시하고 결혼했다. 그런데 결혼 첫해
부터 문제가 생겼다. 결혼 전 아내는 교회에 가겠다고 약속했지만

결국 가지 않았고 아내의 성질은 더욱 사나워졌다. 게다가 그녀의 딸도 결국 불신자가 되었다. 부부 사이의 불협화음 때문에 그는 괴로워했는데 자신이 하나님의 말씀에 순종하지 못한 불순종의 대가를 톡톡히 치렀다고 고백한다.

> 여호와의 영이 사울에게서 떠나고 여호와의 부리시는 악령이
> 그를 번뇌하게 한지라 / 삼상 16:14

사울에게는 이스라엘 최초의 왕이라는 영광을 슬픔과 고통의 자리로 만든 불행한 한 인간의 모습이 있다. 차라리 왕이 아니었더라면 그만큼 비참하지는 않았을 것이다. 사울은 초조한 나머지 선지자만이 드릴 수 있는 제사를 드렸다. 또한 아말렉과의 전쟁에서 모든 것을 진멸하고 전리품을 취하지 말라는 하나님의 명령에도 불구하고 아각왕을 생포하고 버리기 아까운 전리품까지 가져온다.

누구나 죄를 지을 수 있다. 실수할 수 있다. 사실 다윗도 밧세바와 동침한 후 그녀의 남편 우리아까지 교살하는 일에 가담하지 않았는가. 그 사건으로 그는 나단 선지자의 책망을 받았는데, 그때 체면 불구하고 어린아이처럼 하나님 앞에서 애통하며 회개하였다. 이것이 바로 하나님의 마음에 합한 다윗과 사울의 차이점이다.

사울은 문제를 일으킬 때마다 하나님 앞에서 회개하기보다는 늘 합리화하고 하나님을 두려워하기보다는 백성 앞에서 자신의 체면만을 생각했다. 불행하게도 그런 사울은 마침내 하나님께 버림받게 된다. 사무엘 선지자는 사울의 거듭되는 불순종에 대한 하나님의 책망을 전했지만 그는 돌이키지 않았고 마침내 하나님의 영은 사울을 떠났다. 그러자 악신이 그를 번뇌케 하며 그의 왕국은 점점 쇠퇴해 갔다.

> 이는 거역하는 것은 점치는 죄와 같고 완고한 것은 사신 우상에게 절하는 죄와 같음이라 왕이 여호와의 말씀을 버렸으므로 여호와께서도 왕을 버려 왕이 되지 못하게 하셨나이다 하니
> / 삼상 15:23

불순종은 주술, 우상숭배와 같이 하나님에 대한 인간의 거역 (rebellious)이다. 그리고 회개할 기회를 주시는데도 고집을 부리고 합리화하며 다른 사람의 책임으로 돌리는 완고한 자세는 저주를 불러오는 우상숭배와 동일하다. 사울은 하나님의 사람 사무엘 선지자의 경고와 책망에도 불구하고 하나님 앞에서 돌이킬 수 없는 강을 건넜다. 이렇게 불순종을 통해서 사울은 자신의 삶에 악한 영들을 불러들이게 되고 결국 하나님께 버림받았다.

크든 작든 간에 일상생활에서의 순종은 커다란 축복을 주지만

불순종은 우리의 영적 능력을 점점 마비시킨다. 회심한 후에도 주님께 온전히 순종하지 않는 자는 좌절과 패배를 겪는다. 우리 그리스도인들이 하나님의 보호를 받는 것은 단지 우리가 그리스도인이기 때문이 아니라 하나님의 자녀로서 그분의 말씀에 순종하기 때문이다.

묶임이 있을 때는
생각과 감정과 의지가 자유롭지 못하며 행복하지 않을 것이다.

중요한 것은 자신이 정말 자유롭게 되길 원하는가다.
그렇다면 단호한 자세로 경계선을 긋기로 결심해야 한다.
이를 위해서는 재정적인 도움이나 선물과 같은 특혜도
모두 포기해야 할지 모른다.

Chapter 10

◇◇◇◇◇

묶임의 치유

-

삶에
경계선을 세우자

미국 공항 대합실에서 비행기를 갈아타기 위해 기다리던 한 여자는 지루한 시간을 때우기 위해 팝콘과 음료수를 샀다. 그리고 봉지를 뜯어 팝콘을 조금씩 먹기 시작했는데 바로 옆에 앉아있던 남자가 미소를 지으면서 팝콘 봉지에 손을 넣어 먹는 게 아닌가? 처음에는 당황했지만 여자는 내심 '그렇게도 팝콘이 먹고 싶었나? 그래도 좀 이상한 남자네…' 생각하며 계속 먹었다.

그런데 이 남자도 계속 봉지에 손을 넣어 팝콘을 꺼내 먹었다.

여자는 화가 나서 팝콘 봉지를 그 남자에게 던지다시피 넘겨주고 탑승하기 위해 줄을 섰다. 그리고 기내에 들어와 차분히 앉아서 자신의 숄더백을 열었는데, 아니 이럴 수가! 자신의 가방 속에 뜯지 않은 팝콘 봉지가 들어있는 것이 아닌가?

좀 우스운 해프닝이지만 우리는 자신의 행동에 대해 이렇게 모를 때가 많다. 자신의 관점에서 철석같이 믿었던 것들이 진실이 아닌 것으로 판명날 때가 있고, 상대방을 위한다고 취했던 행동들이 상대방을 힘들게 할 때도 있다.

하나님과 동행하는 삶을 살았던 선교사 프랭크 루박에 따르면, 인간의 영혼에는 두 개의 창문이 있는데 하나는 하나님을 향한 창이고 또 하나는 사람을 향한 창이라고 한다. 하나님을 향해 열린 창은 구원을 주며, 사람을 향한 창은 잘 열려 있는가에 따라 축복이 결정된다. 그의 말대로 구원받은 많은 그리스도인들이 축복과 행복을 누리지 못하는 데는 사람들을 향한 창에 문제가 있기 때문이다.

############ **야곱의 묶임**

아버지의 생명과 아이의 생명이 서로 하나로 묶여 있거늘 이제

내가 주의 종 우리 아버지에게 돌아갈 때에 아이가 우리와 함께
가지 아니하면 아버지가 아이의 없음을 보고 죽으리니 이같이
되면 종들이 주의 종 우리 아버지가 흰 머리로 슬퍼하며 스올로
내려가게 함이니이다 / 창 44:30-31

이 이야기는 요셉이 애굽의 국무총리가 된 후 형들이 기근으로
곡물을 구하러 왔을 때 유다와 나눈 대화다. 요셉이 베냐민을 인질
로 삼으려고 하자 유다는 자기가 대신 잡혀 있겠다고 한다. 그의 말
에서 아버지에 대한 죄책감과 염려가 물씬 느껴진다.

"우리가 베냐민과 함께 가지 않으면 아버지가 죽을 것입니다. 왜
냐하면 아버지의 생명과 아이의 생명이 서로 하나로 묶여 있기 때
문입니다."

이때 베냐민은 적어도 스무 살이 훨씬 넘은 성인이었을 텐데 야
곱에게 베냐민은 언제나 아이였던 것이다. 그도 그럴 것이 베냐민을
낳은 라헬은 그가 가장 사랑하는 여인이었고, 그녀를 얻기 위해 14
년이라는 긴 세월 동안 그녀의 아버지이자 자신의 삼촌인 라반을 위
해 무료봉사도 마다하지 않은 야곱이었다. 그런데 사랑하는 아내 라
헬이 베냐민을 낳고 죽었다.

라헬이 남기고 간 아들, 요셉과 베냐민. 특별히 요셉은 영특하고
잘생기기까지 했다. 다른 아들들은 종처럼 일하러 내보냈지만 요셉
은 일은 고사하고 채색 옷을 입혀 왕자처럼 키웠는데 이복형제들의

음모로 실종된 상태다.

사랑하는 아내 라헬을 먼저 떠나보내고 요셉도 실종된 후 그는 베냐민에게 집착하기 시작했던 것 같다. "아버지의 생명과 아이의 생명이 서로 하나로 묶여 있거늘"에서 '묶여 있다'는 히브리어로 '카샤르', 즉 영혼의 묶임(bound up)을 말한다.

혼이 묶이면 생각, 감정, 의지가 자유롭지 못한데 이렇듯 야곱이 성인이 된 베냐민과 소울 타이(혼의 묶임)되어 있는 것은 정상적인 모습은 아니다. 그리고 하나님은 이러한 혼적인 묶임을 결코 기뻐하시지 않는다. 혼의 묶임의 중심에는 두려움이 자리 잡고 있는데 이 두려움을 가지고 다른 사람의 삶을 통제하는 것이다.

야곱은 아들에 대한 한없는 사랑이라고 생각했겠지만 반대로 베냐민의 마음은 자유롭지 못했을 것이다. 사랑했던 사람이나 의지했던 가족이 질병이나 사고로 죽었을 때 자신도 그렇게 죽을지 모른다는 공포와 함께 남겨진 자녀도 그런 죽음을 맞을까 봐 두려움에 사로잡힌다. 그러면서 지나치게 건강을 염려하거나 사사건건 자녀들을 통제하며 간섭하기 시작하는데 이것이 혼적인 묶임의 증상이다.

죽음에 대한 공포는 보통 불안과 관련된 질병을 일으킨다. 공포를 경험한 아이들은 어릴 적의 두려움이 성인기의 두려움으로 바뀌는데 이런 사람에게 나타나는 현상으로는 다음과 같은 것을 들 수 있다.

1. 새로운 상황에 접할 때마다 느끼는 불안감(anxiety)

2. 당혹스러움(embarrassment)

3. 거절당할 것에 대한 두려움

4. 미래, 질병, 가난, 재난에 대한 막연한 두려움

5. 신경과민

죽음에 대한 두려움을 가진 사람은 남을 통제하려고 하거나 비정상적인 방법으로 남에게 의존하려는 모습을 보인다. 자신의 두려움을 없애줄 것 같은 상대방에게 푹 빠지기도 하면서 또 다른 부정적인 혼의 묶임을 가져온다. 남편을 일찍 여의거나 남편의 사랑을 받지 못한 여인은 자식, 특히 아들에게 집착하는 경향이 있는데 이것이 심각한 고부갈등의 원인이 되어 얼마나 많은 불행을 낳는지 모른다.

야곱은 자신이 사랑하는 사람을 또다시 잃어버릴 것 같은 두려움에 베냐민을 과잉보호 했을 것이다. 집착하는 상태에서 기도하면 어떤 면에서 자녀를 영적으로 묶게 되는데 자녀를 주님 앞에 내려놓고 주님의 선하신 뜻대로 그 아이를 간섭하시고 인도하시도록 맡기는 것이 부모로서의 참된 기도다.

만약 자신 안에 자녀나 사랑하는 사람을 지나치게 걱정하고 집착하는 연약함이 있다면 그 원인을 찾아내어 그 묶임을 끊고 십자가의 경계선을 세워야 한다. 야곱은 결국 어쩔 수 없이 베냐민마저 주님께 내려놓는데, 그렇게 되자 잃어버렸던 아들 요셉과 베냐민을 다시 만나게 되는 놀라운 반전의 응답을 경험하게 된다.

사랑하는 가족이 죽거나 실종되었을 때 남겨진 가족 마음에 '내가 만약 고인을 위해 더 많은 일을 했더라면 죽지 않았을 텐데…'라는 죄책감과 슬픔이 생긴다. 이것은 어쩔 수 없이 일어나는 자연스러운 현상이다. 그래서 유대문화에서 애도기간은 7일(요셉, 야곱의 애도) 혹은 30일(모세를 향한 이스라엘 민족의 애도)이다. 그러나 슬픔이 비정상적으로 장기화되면 우리는 이를 철저히 거부하고 떨쳐버려야 한다. 경계선을 그어야 한다. 그렇지 않으면 죽은 사람들의 혼과 묶일 수 있기 때문이다.

박 집사의 시어머니 이야기다. 그녀는 남편과 사별한 후 오랜 세월이 지났음에도 불구하고 아직도 남편의 유품들을 방안에 두고 남편의 사진을 보면서 대화를 나눈다고 한다. 물론 잉꼬부부로 각별한 사이였겠지만 그녀가 하나님을 믿는 사람이고 시간이 충분히 경과되었다면 이제 남편과 대화하기보다는 주님과 대화하는 자세로 바꿀 필요가 있다.

예수님의 경계선

예수님의 독립적인 행동은 열두 살 때부터 드러나는데 예루살렘 성전에서 유월절을 지내고 돌아오는 길에 마리아와 요셉은 소년 예수를 잃어버린다. 그래서 다시 사흘 길을 되돌아가서 성전에서 선생들과 토론하고 있는 아들 예수를 발견한다.

> 그의 부모가 보고 놀라며 그의 어머니는 이르되 아이야 어찌하여 우리에게 이렇게 하였느냐 보라 네 아버지와 내가 근심하여 너를 찾았노라 예수께서 이르시되 어찌하여 나를 찾으셨나이까 내가 내 아버지 집에 있어야 될 줄을 알지 못하셨나이까 하시니
>
> / 눅 2:48-49

처음 이 구절을 읽었을 때 자기 마음대로 행동하여 부모님께 걱정을 끼쳐드리는 소년 예수의 사춘기 이야기인가 생각한 적이 있다. 소년 예수의 부모 역시 그가 하신 말씀을 이해하지 못했다. 그런데 이 구절은 치유의 측면에서 해석할 때 각 사람의 절대적 의지의 대상은 하나님 한 분뿐이심을 계시하는 말씀이다.

우리의 사랑하는 자녀들은 나의 자녀이기 이전에 모두 하나님의 자녀다. 부모는 자녀가 성장할 때까지 돌보는 청지기의 사명을 부여받았다. 이렇게 내 자녀일지라도 내려놓고 하나님께 의탁할 때 그들은 하나님의 인도하심 속에서 자유롭고 건강하게 자랄 수 있다.

자식과 부모의 혼적인 묶임은 하나님의 섭리에 따른 선천적인 묶임이다. 태아와 엄마는 떼려야 뗄 수 없는 관계로 태아가 생명을 유지하는 데 필요한 피, 산소, 영양분을 엄마에게 공급받는다. 뿐만 아니라 DNA를 통하여 아기의 머리카락 색깔, 눈동자 색, 키, 체형, 인격까지도 영향을 미친다. 아기는 전적으로 엄마에게 의존하며 살도록 되어 있는 창조의 원리인 것이다.

　　그러나 출생 후 유아기를 지나면서 엄마와의 애착관계는 점차 독립적인 형태로 변하는데 이것이 자연의 순리다. 또한 자녀들이 성장하면 부모는 자신의 품에서 그들을 떠나보내야 하며 서로의 삶에 경계선을 그어야 한다. 자녀가 성장했는데도 부모와의 혼적인 묶임이 끊어지지 않으면 부모와 종속적인 관계가 되고 결국 결혼생활에도 많은 어려움을 초래하게 된다.

　　일본인 목사님과 결혼한 자매에게 들은 이야기다. 먼 지방에 떨어져 홀로 살아가는 시어머니가 안쓰럽고 늘 자기를 사랑해 주시는 것이 고마워서 이 자매는 수시로 안부전화를 드리고 선물도 자주 보냈다고 한다. 그런데 어느 날 남편이 너무 자주 연락하고 선물을 보내면 버릇이 되니 안 좋은 것 같다고 말했다는 것이다.

　　처음 그 말을 들었을 때 이해가 되지 않았으나 잘 생각해 보니 부모 자식 사이라도 어느 정도 경계선을 긋고 생활하는 것이 서로에게 부담 주지 않고 주체적으로 살아갈 수 있는 삶의 지혜인 것도 같다는 생각이 들었다.

한국의 엄마들은 자녀들에게 헌신적이다. 자식이 서울대에 갈 수만 있다면 어떤 짓도 저지를 것이라는 우스갯소리도 있을 정도다. 반면에 자녀들에게 바라는 것도 많아서 이것이 늘 자녀와의 갈등이나 고부간의 갈등으로 발전하게 되는데 부모와 자식 사이에 경계선을 긋는 것은 하나님의 뜻이다.

한국은 특히 경계선이 필요한 나라다. 한국은 농경문화와 유교문화권으로 가부장적인 가족공동체를 형성해 왔는데 여기에 '우리'는 있지만 '나'는 없다. '우리'를 유지하기 위해 누군가의 희생이 있었다. 또한 책임한계가 불분명하고 '우리' 안에서 서로의 경계선을 너무 쉽게 침범해서 갈등과 상처를 낳아 왔다.

성경은 공동체를 중시하지만 개인 또한 무시하지 않는다. 경계선은 권리선이고 책임선이다. 경계선을 긋는다는 것은 나의 선택으로 권리도 주장할 수 있지만 책임도 져야 한다는 의미다. 존중과 평화와 독립의 경계선이다.

한국에 화병 환자와 우울증 환자가 많은 이유는 사람들이 너무 함부로 말하고 행동하기 때문이라고 한다. 함부로 다른 사람의 마음의 경계선을 침범하여 말하고 조종하고 윽박지르는 일들이 많기 때문에 많은 사람들이 고통을 당하는 것이다.

　남자가 결혼 후에도 가장으로서 자립하지 못하고 관계의 어려움을 겪는 가장 큰 원인은 부모에게서 독립하지 못한 의존성 때문일 것이다. 결혼한 자녀의 모든 일에 간섭하고 자신들의 의견을 들어주기를 원하는 부모와 아내 사이에서 가정의 불화는 더 깊어 간다. 이러한 가정은 하루 빨리 부모와의 사이에 경계선을 긋고 본인의 가정을 독립적인 개체로 세워 나가야 한다. 성경적인 가정의 주체는 부모나 자녀가 아닌 부부가 중심이 되어야 한다.

> 이러므로 남자가 부모를 떠나 그의 아내와 합하여 둘이 한 몸을
> 이룰지로다 ╱ 창 2:24

　건강하고 행복한 인생을 살기 위해서는 부모와 결혼한 자식 사이에 분명한 경계선이 있어야 한다. 이것은 결코 효도하지 말라는 뜻이 아니다. 이것은 육체적, 물리적인 분리뿐만 아니라 재정적, 정서적인 분리를 의미한다. 부모는 자녀들이 성인이 되어 더 이상 말이나 힘이나 지식으로 컨트롤할 수 없어지면 마지막 보루인 물질로 조종하려 한다. 그러나 이러한 종류의 통제와 조종, 억압은 주술에 가깝다는 것을 기억하라.

　"아들아 내겐 너뿐이잖니…. 내가 널 어떻게 키웠는데…."

"내가 얼마나 더 살 수 있을지 모르겠다. 너 이러면 내 유언장에서 널 제외시킬 수 있어….."

혼적인 묶임을 통해서 마인드 컨트롤이 시작되므로 인간관계, 특히 부모와의 관계, 자녀와의 관계에서도 경계선이 필요하다. 이렇듯 누구도 침범할 수 없는 영역이 있는 것이다. 침범은 죄다.

하나님의 섭리 가운데 이루어진 건강한 영혼의 묶임이 있을 때 사랑은 쌍방향으로 흘러가고 안정적이고 평화로우며 또 서로에게 선한 영향력을 미칠 수 있다. 우리가 지나치게 연연하며 사랑하지 않을 수 있는 방법, 그리고 어느 누구와도 속박되거나 애착관계에 빠지지 않는 유일한 방법은 자식, 부모, 그리고 배우자보다 예수님을 훨씬 더 많이 사랑하는 것이다.

> 누구든지 나보다 자기 부모를 더 사랑하는 사람은 내게 합당하
> 지 않다. 나보다 자기 아들딸을 더 사랑하는 사람도 내게 합당하
> 지 않다. ╱ 마 10:37, 우리말성경

> 육체의 일은 분명하니 곧 음행과 더러운 것과 호색과 우상 숭배
> 와 주술과 원수 맺는 것과 분쟁과 시기와 분냄과 당 짓는 것과 분
> 열함과 이단과 투기와 술 취함과 방탕함과 또 그와 같은 것들이
> 라 전에 너희에게 경계한 것 같이 경계하노니 이런 일을 하는 자
> 들은 하나님의 나라를 유업으로 받지 못할 것이요 / 갈 5:19-21

사람은 다른 사람을 통제할 수 있을 때 안정감을 느낀다. 다른 사람들을 통제하면 그들이 자신을 위협하지 않을 것이며 자신이 원하는 대로 움직여 주기 때문이다. 다른 사람을 통제하려는 욕구는 조종(manipulation), 위협(intimidation), 지배(domination)라는 세 가지 형태로 표현되는데 공통된 목표는 그 사람을 지배하는 것이다. 자기가 통제하고 싶은 사람보다 자신이 약하다는 것을 아는 사람은 상대방을 조종하려고 할 것이며, 자신이 더 강하다고 생각하면 위협하려고 할 것이다.

많은 가족관계에서 이러한 양상을 볼 수 있다. 예를 들어 남편은 화를 내거나 폭력을 행사하여 아내를 위협하고 아내는 눈물과 뽀로통한 얼굴로 때로는 남편이 죄책감을 느끼도록 만들어 남편을 조종하기도 한다. 부모도 자녀를 위협하거나 조종하는 일이 흔하며 자

녀 또한 부모를 조종하는 일에 아주 능숙하다. 아무튼 조종의 주 무기는 죄책감이다.

"네가 정말 엄마를 사랑한다면 이러한 것들을 해줄 수 있잖아?" 부모의 이런 요청을 거절하게 되면 아이는 죄책감을 느낀다. 그것은 엄마를 사랑하지 않는다는 표시이기 때문이다. 이것은 아이로 하여금 늘 엄마에게 죄책감을 갖게 함으로써 악한 영이 그 아이의 인생에 개입하도록 문을 열게 만든다.

교회에서도 목사가 헌금을 호소할 때 이런 말을 할 수 있다. "하나님께서 오늘밤에 이 자리에서 1000만 원을 헌금할 10명의 사람이 있다는 것을 보여 주셨습니다!" 혹은 아프리카에 사는 가난한 아이들 사진을 자주 보여 주며 헌금하지 않으면 마음에 죄의식이 들도록 하기도 한다.

상사가 부하직원을 위협하거나 사회 전반에 일어나는 소위 갑질의 행태, 국가의 정치지도자가 적대 국가에 대한 증오심을 불러일으켜 극심한 민생고에 시달리는 국민의 관심을 딴 데로 돌리는 사례는 역사적으로도 흔히 있어 왔다.

정치계나 기업들은 광고를 통해서 대중을 선동하거나 우리가 필요하지도 않은 물건을 사도록 만들고 살 능력이 없는데도 탐심을 자극하고 부추긴다. 이러한 수단이 주술의 위장임을 인식한다면 우리는 현대 문명 속에서 끊임없이 거대한 주술의 영향력에 노출되어 있다는 사실을 깨닫게 된다.

다른 사람들을 통제하기 위하여 습관적으로 조종하거나 위협하는 사람은 조종하는 대상을 영적인 노예로 만드는데 이것은 사탄의 속성이다. 사탄은 하나님을 섬기고 교제하기 위해 주신 우리의 자유의지와 선택권을 교묘히 이용해서 우리를 통제하는데 그들의 목적은 하나님을 거부하고 우리의 영혼을 훔치고 죽이고 멸망시키려는 데 있다.

이런 통제에서 벗어나기 위해서는 통제했던 사람은 회개하고 통제하려는 욕구를 버려야 하며, 통제당했던 사람은 그러한 통제에 굴복했던 것을 회개하고 묶여 있는 관계를 끊어야 한다.

어떻게 우리는 이러한 미혹과 통제에서 우리 자신을 보호할 수 있는가? 하나님은 우리를 결코 통제하지 않으신다는 진리와 함께 하나님 나라로 인도하는 문은 오직 하나 "길이요 진리요 생명 되신" 예수님뿐이라는 사실을 기억하자. 그 외 다른 문을 통해 들어가는 자는 어둠에 빠지게 된다.

> 내가 문이니 누구든지 나로 말미암아 들어가면 구원을 받고 또는 들어가며 나오며 꼴을 얻으리라 도둑이 오는 것은 도둑질하고 죽이고 멸망시키려는 것뿐이요 내가 온 것은 양으로 생명을 얻게 하고 더 풍성히 얻게 하려는 것이라 / 요 10:9-10

부부 밖의 경계선

우리를 위하여 여우 곧 포도원을 허는 작은 여우를 잡으라 우리
의 포도원에 꽃이 피었음이라 / 아 2:15

부부관계는 결혼이라는 사랑과 신뢰, 그리고 헌신을 기반으로 한
제도적인 묶임이다. 2015년 한국의 이혼율은 OECD 35개국 중 9위
이고 아시아에서는 1위를 차지했다. 그만큼 다양한 이유로 우리나
라의 가정이 붕괴되고 있다.

부부 안에서 하나님이 허락하신 경건한 혼의 묶임이 손상되는
경우는 서로의 약속 위반이나 부정행위 때문인데, 세상은 너무나 음
란하고 사악하기까지 해서 정신을 바짝 차리고 깨어있지 않으면 미
혹의 손길은 여기저기 산재해 있다. 사탄은 하나님이 허락하신 경건
한 혼의 묶임(결혼)을 깨뜨리려고 온갖 수단 방법을 가리지 않는다.

성적으로 타락한 목회자의 이야기를 너무나 많이 듣는다. 그들
도 처음부터 그렇지는 않았을 것이라고 믿는다. 예를 들어 결혼생
활에 문제를 안고 있는 젊은 여인과 그녀를 상담하는 목회자 사이
에서 혼적인 묶임은 쉽게 일어날 수 있다. 즉 동정이 연민으로, 그
리고 사랑으로 발전하여 혼의 묶임을 가져오기 때문이다.

이것은 어려움을 당하는 여성을 도와주려는 남성 정신과 의사나

상담사에게도 흔한 일이다. 그러므로 상담할 때는 부부가 동반하거나 동성 상담사에게 받을 것을 권하고 싶다. 이성과 오랜 시간 함께 지내면 감정이입이 되고 생각을 공유하게 되는데 이럴 경우 혼의 묶임이 충분히 일어날 수 있다. 그러므로 결혼, 가정이 하나님의 통치하에 있다는 것을 늘 인식하면서 부부는 다른 이성과의 사이에 항상 경계선을 그어서 그것을 넘지 않도록 주의해야 한다.

대개 부부는 기질이 다르고 살아온 환경도 달라서 생각, 감정, 행동이 다를 수 있다. 다르다는 것은 당연하고 자연스러운 현상이다. 다르기 때문에 연애할 때 서로 매력적으로 보였을 것이다. "돕는 배필"(창 2:8)이란 서로 부족한 부분을 상호 보완하여 삶의 균형을 맞추라는 하나님의 선하신 뜻이다.

이용규 선교사가 결혼 초기에 '이 여자가 내 영원한 반려자일까?'라는 생각을 가끔씩 했었다고 한다. 아내가 자신의 영원한 배필이라는 확고한 생각이 없으니 다른 자매들을 보면 예뻐 보여 저절로 눈길이 갔다고 한다. 그래서 이 선교사는 하나님께 결단의 기도를 드렸다.

"하나님이 주신 이 사람이 내 영원한 짝입니다."

그 기도 후에 정말 아무리 멋진 여자가 지나가도 마음의 요동이 없었다고 한다.

삶 속에서의 경계선이 분명하지 않은 사람은 타인과 부정적인 혼의 묶임이 쉽게 일어나므로 나의 경계선을 확실히 하는 것이 무엇보다도 중요하다.

IIIIIIIIIIII ## 부부 안의 경계선

> 아내들아 남편에게 복종하라 이는 주 안에서 마땅하니라 남편
> 들아 아내를 사랑하며 괴롭게 하지 말라 ╱ 골 3:18-19

부부관계의 잘못된 묶임으로 결혼이 깨어지는 경우도 있는데 대부분의 원인은 배우자를 무시, 학대하고 통제하려 하기 때문이다.

이혼 사유로 폭력이나 외도를 저지른 것도 아닌데 소위 성격차로 헤어지는 경우가 이에 해당할 수 있다. 최근 황혼이혼이 급증하고 있는데 사실 잘못된 부부관계의 혼적인 묶임으로 오랫동안 고통을 당한 배우자가 최후의 수단으로 택하는 마지막 카드일 것이다.

이세벨 유형

이세벨은 남편 아합왕을 바알 숭배자로 만든 사악한 여인의 대명사다. 이런 아내의 지배하에 공처가로 사는 남편들은 진정한 자

Chapter 10. 묶임의 치유_ **245**

신의 인격을 주장하지 못한다. 이런 부부관계에서는 아내가 자신의 삶을 휘두르도록 방치하거나 남편 대신 아내가 모든 것을 결정하도록 허용하는 것인데, 이로 인해 남편이 자신의 삶을 책임지지 않으려는 의존적 성향을 조장하고 남편을 점점 더 무기력하게 만들어 건강하지 못한 부부관계를 형성한다.

더 심할 경우 완고하고 강한 의지를 가진 아내가 남편의 인생을 통제하며 경계선이 없이 무례하게 남편의 영역을 마구 드나들기도 한다. 이런 부부관계는 조만간 어려움에 봉착하게 된다.

이런 아내에게는 남편의 사랑을 기대하지 말라고 감히 조언하고 싶다. 남편에게는 복종의 언어가 아니면 아내의 사랑이 전달되지 않는다. 복종의 언어는 남편을 인정하는 언어이기 때문이다. 남편을 주께 하듯 대하는 것은 영적 리더십을 세우기 위한 것이기도 하지만 주님 안에서 해야 하는 아내의 영적 훈련이기도 하다. 예수님과 친밀한 관계를 잘 맺고 있는 아내는 이런 훈련이 비교적 쉽다.

▰▰▰ he-man(근육질의 남자) 유형

이 유형의 부부관계에서는 강인하고 진정한 남성다움을 느끼기 위해 배우자에게 비인격적인 복종과 순복을 강요한다. 가부장적인 남편상이 여기에 속하는데 강한 성격의 남편 혹은 경제적인 강자인 남편이 상대적 약자인 배우자를 괴롭히는 경우가 여기에 해당된다. 사실은 열등감이 많은 남자들이 가정에서 그런 행동을 하는데 남편의 언행은 아내를 비탄에 빠지게 한다.

　　우리들교회 김양재 목사님의 남편은 산부인과 의사이자 장로님 아들이었다. 약간 소녀 감성을 가진 김 목사님이 비를 좋아해서 "비가 오네"라고 말하면 남편은 "철없는 소리하네!" 했다. 눈이 올 때 "어머나 눈이 와요!"라고 목사님이 좋아하면 남편이 "눈이 밥 먹여 주냐?"면서 "나는 바람도 안 피고 매일 소처럼 일만 한다"며 핀잔을 주었다고 했다.
　　남편의 마음에 악함이 없고 외도나 도리에 벗어난 행동을 한 적도 없지만 늘 이런 말과 행동으로 아내를 괴롭혔던 것이다.

　　이용규 선교사가 몽골에서 사역을 할 때 아내가 우울증에 걸렸다고 한다. 타지에서 외롭고 우울한 마음을 달랠 길이 없고 부부관계도 점점 어려워졌다. 그래서 선교사님은 열심히 기도했다.
　　"주님 저희 부부에게 신혼의 마음을 주세요!"
　　그런데 문제는 선교사님에게만 신혼의 마음이 임해서 오히려 아내가 더 힘들어했다는 이야기를 들은 적이 있다.

　　다년간 가정사역을 해오신 김양재 목사님에 따르면, 사람에 따라 다소 차이는 있겠지만 여자와 비교할 때 남자의 연약함은 정욕, 탐심, 나태인데 대부분의 남자들은 이 부분에 넘어진다고 한다.

윌라드 할리(willard Harley)가 쓴 《그 남자의 욕구 그 여자의 갈망》 (His needs, Her needs)을 보면 남편의 다섯 가지 필요, 아내의 다섯 가지 필요가 나온다. 남편이 아내들에게 가장 원하는 것은 다음과 같다.

첫째, 성적 욕구를 채워 주는 것

둘째, 그의 취미에 동참하고 함께 재미있게 노는 것

셋째, 아내가 매력적이고 멋있게 보이는 것

넷째, 아내가 가사와 육아를 성실히 하는 것

다섯째, 남편을 존경하고 칭찬하는 것

남자는 단순하지만 자존심을 먹고 살기 때문에 존중받고 격려받으면 아내를 위해 하늘의 달이라도 따올 수 있다. "당신이 최고야!" 칭찬해 보라! 아내는 사랑받게 될 것이다.

반면 여자의 연약함은 교만, 시기, 질투다. 그러므로 남편은 아내를 다른 여자와 비교하면 안 된다. 또한 여자에게는 사랑의 느낌을 주는 언어가 중요하다.

첫째, 부드럽게 보살펴 주는 것

둘째, 대화를 나누는 것

셋째, 자기의 상황을 솔직히 이야기하는 것

넷째, 재정적으로 안정감을 주는 것

다섯째, 가정에 헌신하는 것

이렇듯 아내가 가장 원하는 것은 사랑을 느낄 수 있는 언어와 단순한 리액션이다. "그래! 그렇구나…." 그것만 잘해도 아내를 행복하게 해 줄 수 있다. 아무리 부부가 한 몸이라도 서로 경계선을 침범하지 않고 존중하며 예의를 갖추어야 관계가 오래간다. 그리스도와 친밀한 사랑의 교제를 잘하는 남편일수록 아내를 사랑하기 쉬워진다.

이타적인 삶의 유형

희생만 하는 사람, 한국의 장남, 장녀형이 이에 속한다. 동생들을 위해 아버지 역할, 어머니 역할까지 하는 장남, 장녀는 사실 본인은 의지할 곳이 없다. 게다가 착하고 사람까지 좋으면 부모는 물론 형제들이 시도 때도 없이 경계선을 침범해 넘어온다. 부모와 형제를 뒷바라지하고 평생 아이들을 위해 쉬지 않고 일하며 교회에서도 많은 봉사로 섬기는데 정작 본인은 행복하지 않다.

평생 다른 사람을 위해 살다 보니 자신의 삶은 없고 자신이 무엇을 좋아하는지도 잘 모른다. 행복한 인생을 살기 위해서는 다른 사람의 경계선뿐만 아니라 자신의 경계선도 지켜야 한다. 이 경계선은 서로에 대한 예의이며 존중이고 사랑이다. 주님도 우리를 이렇게 다루시는 것을 계시록에서 발견할 수 있다.

보라. 내가 문 앞에 서서 두드리니 누구든지 내 음성을 듣고 문을 열면 내가 들어가서 그와 함께 먹고 그는 나와 함께 먹을 것

이다. / 계 3:20, 우리말성경

문밖에서 우리 영혼의 문을 두드리는 주님을 상상해 보라. 그분은 우리를 지으셨기에 얼마든지 우리 안에 들어오실 수 있다. 그러나 주님은 인격적인 분이시기 때문에 노크를 하고 우리가 문을 열어 주님을 초대할 때까지 문밖에 서서 기다리신다.

상상이 되는가? 우주만물을 만드신 만왕의 왕도 영혼의 문을 열어드릴 때까지 우리의 결정과 의지를 존중하시며 몇 년, 몇 십 년도 기다려 주시는 분이심을 기억하자.

그러나 마귀는 그렇지 않다. 마귀는 틈만 보이면 허락도 없이 강도처럼 들어와서 거짓말하고 조종하고 통제하며 우리를 멸망으로 이끈다. 자식이 싫다는데도 억지로 강요하거나 약한 배우자를 무시하고 조종하고 억압하는 것은 사탄의 속성이지 하나님의 속성이 아니다.

결단과 치유

그러나 사랑하는 사람들이여, 여러분은 지극히 거룩한 믿음 위에 자기를 건축하고 성령 안에서 기도하며 영생에 이르도록 하

나님의 사랑 안에서 자기를 지키고 우리 주 예수 그리스도의 긍

휼을 기다리십시오. ╱ 유 1:20-21, 우리말성경

사실 이러한 혼의 묶임은 하루아침에 일어나는 것이 아니다. 오랜 기간에 걸쳐 반복되고 답습된 결과다. 우리나라의 경우 유교적이고 가부장적인 가정문화의 영향이 강해서 단번에 경계선을 그을 수 있는 것은 아니다. 여기서 가장 중요한 역할을 담당하는 것이 부모의 결단이며 하나님 말씀에 대한 순종일 것이다.

혼의 묶임에 있는 동안은 자신이 누군가의 통제 하에 있다는 사실을 알 수 없는데 그것은 자신의 모습을 볼 수 없기 때문이다. 묶임이 있을 때에는 생각과 감정과 의지가 자유롭지 못하며 행복하지 않을 것이다.

중요한 것은 자신이 정말 자유롭게 되길 원하는가다. 그렇다면 단호한 자세로 경계선을 긋기로 결심해야 한다. 이를 위해서는 재정적인 도움이나 선물과 같은 특혜도 모두 포기해야 할지 모른다. 예수님은 가장 사랑하는 육신의 어머니와 형제들의 속박마저도 거절하셨다.

많은 사람들이 예수 곁에 둘러앉아 있었는데 그들이 예수께 말

했습니다. "보십시오. 선생님의 어머니와 형제들이 밖에서 선생

님을 찾고 계십니다." 예수께서 그들에게 물으셨습니다. "누가
내 어머니이고 내 형제들이냐?" 그러고는 곁에 둘러앉은 그들을
보며 말씀하셨습니다. "보라. 내 어머니와 내 형제들이다. 누구
든지 하나님의 뜻을 행하는 사람이 바로 내 형제요, 자매요, 어
머니다." / 막 3:32-35, 우리말성경

예수님은 하나님께 인정받기만을 추구하셨고 세상의 인정을 필
요로 하지도, 구하지도, 받아들이지도 않으셨다. 예수님이 행하시는
표적을 보고 많은 사람들이 예수님을 믿기 시작했을 때도 예수님은
인간의 내면을 알고 계셨기에 자기 자신을 그들에게 맡기지 않으시
고 오히려 무리를 떠나 홀연히 기도하러 가셨다.

예수는 그의 몸을 그들에게 의탁하지 아니하셨으니 이는 친히
모든 사람을 아심이요 / 요 2:24

혼의 묶임의 중심부에 두려움이 자리 잡고 있는 경우가 많은데
두려움의 대상이 우리의 신이 되어 인간의 삶을 통제하는 것이다.
가난을 두려워하면 돈의 노예가 되고, 죽음을 두려워하면 죽음의
노예가 되고, 권력을 부러워하면 권력의 노예가 된다.
인간에게 가장 강력한 두려움의 대상은 죽음이다. 예수님은 죽
음을 통하여 인간을 조종하려는 어두움의 세력을 멸하시고 그 조종

과 통제에서 우리를 해방시키기 위해서 십자가에서 죽으시고 부활하심으로 모든 흑암의 권세들을 멸하셨다. 다시 말해서 우리를 대속한 예수 그리스도의 십자가는 모든 흑암의 세력을 무장해제시켰다.

> 자녀들은 혈과 육에 속하였으매 그도 또한 같은 모양으로 혈과
> 육을 함께 지니심은 죽음을 통하여 죽음의 세력을 잡은 자 곧
> 마귀를 멸하시며 또 죽기를 무서워하므로 한평생 매여 종 노릇
> 하는 모든 자들을 놓아 주려 하심이니 / 히 2:14-15

그러므로 부모와의 관계, 자녀와의 관계, 부부관계, 그리고 모든 삶 속에 십자가의 경계선을 세워 잘못된 혼의 묶임을 통해 어두움의 세력들이 나의 인생에 들어오지 못하도록 해야 한다. 그리고 가족이라도 그들을 영역을 존중하며 하나님의 사랑과 믿음 위에 각자의 삶을 세워나갈 때 우리 모두가 건강하고 행복한 삶을 살아가게 될 것이다.

침묵기도가 하나님의 음성을 듣거나
내적인 성찰을 하는 데 효과적이라면
부르짖는 기도처럼 소리를 내어 하는 발성기도는
영혼을 강건하게 하며 영적 전쟁에 탁월하다.

우리가 건강하고 행복하게 살기 위해서
부정적이고 어두운 기운들을 토설해서 내보내고
용서를 습관화하는 태도를 가져야 한다.
그럴 때 마음의 쓴 뿌리와 상처가 치유되고 회복될 수 있다.

Chapter 11

◇◇◇◇◇

힐링기도

-

상황에 맞는 기도로
강건해지라

||||||||||||||||| 평안을 구하는 기도, 숨기도

이 날 곧 안식 후 첫날 저녁 때에 제자들이 유대인들을 두려워
하여 모인 곳의 문들을 닫았더니 예수께서 오사 가운데 서서 이
르시되 너희에게 평강이 있을지어다 ╱ 요 20:19

한반도의 긴장과 급변하는 국제정세, 끔찍한 사건, 사고 그리고

환경문제 등 우리 모두는 불안한 가운데 살아간다. 한국 사회의 산적한 고질적인 문제와 치열한 경쟁, 교육 정책의 한계 속에서 신음하는 아이들을 보면서 이민이라도 가야 하나 하는 생각을 누구나 한 번 쯤은 해보았을 것이다. 이전에는 비교적 안전지대라고 생각되었던 미주와 유럽도 빈발하는 총기난사 사건과 테러로 몸살을 앓고 있고, 나의 선교지인 가까운 일본 역시 지진으로 안전한 지역이 아니다.

　살아가면서 우리는 마음의 평안을 잃을 때가 많다. 2000년 전 부활하신 예수님이 두려움과 공포로 떨고 있는 제자들을 찾아왔을 때 제일 먼저 하신 말씀은 "너희에게 평강이 있을지어다!"였다. 여기서 평강(평안, peace)이란 히브리어로 '샬롬', 헬라어로 '에이레네'인데 하나님과 인간의 관계회복으로 얻을 수 있는 것, 또는 그 결과로 나타나는 안식과 만족을 의미한다. 우리가 누릴 수 있는 참 평안이란 하나님과의 관계에서 얻어지는 것이지 성취나 성공을 통해 느끼는 일시적인 만족과 기쁨과는 다르다. 주님은 우리에게 이러한 마음의 평강을 주기를 원하신다.

　《순례자의 길》이란 책에 보면, 러시아의 한 청년이 어떤 이유인지 몰라도 기도에 대한 강한 열망을 갖게 된다. 그러다가 "쉬지 말고 기도하라"(살전 5:17)는 말씀에 사로잡히면서 어떻게 하면 쉬지 않고 기도할 수 있는지 그 답을 얻기 위해 순례의 길을 떠난다. 오랜 방황 끝에 만난 한 스승에게서 "주 예수 그리스도시여, 나를 불쌍히 여기소서!"(Lord Jesus Christ, Son of God, have mercy on me!)를 숨을 내쉬면서 반복하여 기도하라는 조언을 받는다. 처음에는 힘들었지만 차츰 이 기도를 통하여 놀라운 기쁨과 평안을 누리게 되고 내면의 변화를 경험하게 되면서 다음과 같은 고백을 한다.

"예수 그리스도께 끊임없이 기도드리면서 나의 영혼은 완전한 평화를 느꼈습니다. 나의 모든 생각은 고요해지기 시작했고, 내 마음은 저절로 따뜻하고 즐거워졌으며, 배가 고플 때나 병들었을 때 그리고 심지어 누가 나를 괴롭힐 때라도 예수기도의 달콤함을 생각하면 모든 것을 잊을 수 있었고 분노는 사라졌습니다. 나는 이제 아무것도 염려하지 않게 되었고, 나의 마음은 주님의 사랑으로 가득 찼으며, 내가 사는 오두막은 화려한 궁전처럼 느껴졌습니다."

이 청년은 숨기도를 통해 24시간 주님을 바라보는 영적 집중력을 얻게 되었고 그렇게 함으로써 하나님의 임재를 누리게 되었다. 마음속에 생명수의 강이 흐르게 된 것이다. 그를 괴롭혔던 두려움과 불안, 걱정과 근심, 그리고 혈기와 같은 내면의 어두움이 걷히며 주님의 빛 가운데 임하는 풍성한 기쁨과 평안이 이 청년을 강건하고 충만하게 해 준 것이다.

　기도는 신앙생활에서 영적 생명을 유지하기 위한 호흡과도 같은 역할을 한다. 하나님께서 인간을 창조하시고 마지막으로 생기(루하흐)를 불어넣으셨을 때 비로소 인간(homo sapience)이 된 것처럼 우리의 생명은 호흡에 있다고 해도 과언이 아니다. 인간은 호흡을 제대로 하지 못할 때 병들지만, 반대로 마음에 평강과 희망 그리고 기쁨이 가득하고 육신도 건강할 때 호흡 역시 활기차게 된다.

> 여호와 하나님이 땅의 흙으로 사람을 지으시고 생기를 그 코에
> 불어넣으시니 사람이 생령이 되니라 ╱ 창 2:7

　이렇듯 호흡은 나를 지으신 창조주 하나님과 만나는 접촉점이라고 할 수 있는데 나를 지으신 하나님, 그의 영을 불어넣으신 하나님을 의식하며 의미 있는 호흡을 하는 것은 기도생활에 매우 중요한 의미를 가진다.

　예수님이 부활 후 제자들을 찾아오셨을 때 제자들의 마음속에는 어떤 반응이 일어났을까? 십자가 수난을 당하는 예수님을 저버리고 떠난 그들 안에 수치심과 죄책감 그리고 당혹감이 있었을 것이다. 예수님을 보자 반가움을 감추지 못하는 제자들의 얼굴을 향해 주님은 평강을 기원하셨다. 그 평강을 얻을 수 있는 가장 중요한

것, 성령을 부어 주시는데 이때도 숨(호흡)을 사용하셨다.

> 이 말씀을 하시고 그들을 향하사 숨을 내쉬며 이르시되 성령을
> 받으라 / 요 20:22

우리는 이처럼 숨을 사용하여 실제적인 기도를 할 수 있는데 이것을 '숨기도'라고 한다.

이 기도는 많은 영성가들을 통해 '심장기도' 또는 '예수기도'라고도 불려왔다. 헨리 나우웬은 이 기도를 '마음의 기도'라고도 했다.

숨기도는 자신의 필요를 구하는 기도나 간구가 아니다. 이 기도는 침묵 가운데 자신의 생각과 산만함에서 벗어나 오직 예수님만을 바라보고 그분을 구하며 내적인 평안을 간구하는 기도다. 분주하고 피곤한 현대인들에게 더욱 필요한 기도다.

자연과 쉼이 없는 삭막한 환경에서 분주하게 살아가는 현대인들은 내적인 공허함을 더 크게 느낄 수밖에 없다. 뉴욕과 같은 대도시를 걸어다니다 보면 자주 눈에 들어오는 간판이 'Yoga'다. 해질녘 땅거미가 내릴 시간이 되면 하나둘 등 뒤에 요가 매트를 메고 이곳을 찾는 젊은이들을 쉽게 볼 수 있는데, 운동의 효과를 기대하는 측면과 함께 그들은 영혼의 안식과 목마름을 채울 수 있는 곳을 찾고 있는 것이다.

우리나라에서도 마음의 평안을 찾아 템플스테이나 수련원 같은 곳을 찾는 이들이 많아지고 있다. 그런 모습을 볼 때마다 교회와 기도원에 와서 안식을 얻지 못하는 현실이 안타깝다. 참된 안식과 평안을 찾는 이들에게 '길이요 진리요 생명이신 예수님'을 소개할 수 있고 그분께 인도할 수 있는 교회 영성 시스템이 절실히 필요한 때다.

> 수고하고 무거운 짐 진 자들아 다 내게로 오라 내가 너희를 쉬게 하리라 ／ 마 11:28

기도는 대상이 중요하다. 숨기도는 세상에 떠돌아다니는 영들을 대상으로 하는 단전호흡이나 기체조, 뉴에이지와는 다르다. 우주 만물과 나를 창조하신 유일한 하나님, 그리고 우리를 위해 십자가에 죽으시고 어두움과 사망 권세를 이기신 구원자 예수 그리스도와 그분의 영이신 성령을 의식하며 영혼의 호흡을 통해 그 영(성령)을 받아들이는 기도다.

들이마심은 하나님의 영으로 충만하게 하는 것이며, 내쉼은 내 안에 있는 죄와 악, 탁한 기운과 삶 속에서 일어나는 근심, 걱정, 염려, 두려움과 분노와 같은 부정적인 생각과 감정을 내보냄으로써 나를 정화시키는 것이다.

교인들 중에는 신앙생활의 연륜이 길고 믿음이 있는데도 불구하고 끊임없는 두려움과 불안, 근심 염려, 절제가 안 되고 분노장애에 시달리는 사람들도 있다.

충격적이고 힘든 일을 만나면 마음이 눌리고 가슴이 답답해진다. 또 과로로 몸이 피곤하고 지치면 기도하고 싶어도 기도가 나오지 않는다. 결국 이런 현상이 지속되면 우리의 마음과 생각이 어두워지고, 감정도 우울해지며 모든 것이 귀찮고 하나님에 대한 믿음마저도 흔들리게 되어, 심해지면 정신적, 육체적 질병으로 나타나기도 한다.

공기가 좋은 산림이나 바닷가에서 심호흡을 하는 것처럼, 하나님을 의식하면서 숨(호흡)을 통해 내 안의 근심과 염려, 두려움, 부정적인 생각과 감정들을 내보내고 그분의 생명을 들이마시면 어느덧 마음의 눌림은 사라지고 생각과 감정의 묶임에서 자유로워지면서 영적 집중력이 생겨 비로소 제대로 기도할 수 있는 상태가 될 것이다.'

몇 년 전 온누리교회 권사기도학교에서 숨기도에 대한 강의를 나누고 기도를 인도한 적이 있었다. 수강생 한 분이 그 강의를 듣고 며칠 후 딸의 출산과 산후조리를 도와주러 두바이로 떠났다. 그분이 거의 종강 즈음에 돌아왔는데 나를 보자마자 손을 덥석 잡고 감사하다고 말씀하셨다.

그분은 두바이로 떠나기 전 숨기도에 대한 강의를 들었으나 대수롭지 않게 생각했는데 그곳에 체류하면서 숨기도 덕을 톡톡히 봤다고 했다. 그분은 하루에도 여러 번 확성기로 들려오는 이교도의 기도소리를 들을 때마다 마음이 눌리고 가슴이 답답하고 나중에는 머리까지 아팠다고 한다. 시간이 지나며 견딜 수 없을 정도로 괴로웠는데 그때 숨기도가 생각나 시도해 보았다고 한다. 그런데 놀랍게도 두통과 눌림이 사라졌고 하나님의 임재를 느끼면서 기도할 수 있었다고 고백했다.

숨기도를 하면 영이 맑아지고 호흡도 강해진다. 이 기도를 하면 잡념이 사라지고 생각도 단순 명료해지며 영적 분별력과 집중력이 생기고 성령 충만함을 경험할 수 있는데 이렇게 회복된 강한 호흡은 우리의 영혼과 몸을 모두 건강하게 해 준다.

불길한 생각이 뇌리에 스칠 때 혹은 부정적인 말을 받아들이면 우리 안에 두려움과 불안이 자리 잡게 된다. 또한 누군가와 대화를 나눌 때 그 사람 안에 슬픔과 원망과 분노가 많은 경우 그 사람의 감정과 생각이 전이되는데 그때 우리는 답답함과 함께 호흡도 약해지는 것을 느낀다.

비난과 꾸지람도 사람의 기를 죽이고 에너지를 빼앗으며 결과적으로 호흡을 약하게 만든다. 호흡이 약한 사람은 영혼과 몸이 연약한 상태가 되어 예민해지기 때문에 기분이 조금만 나빠져도 가슴이 두근거리고 호흡이 거칠어지며 쉽게 탈진한다. 때문에 깊은 호흡을 통해서 안정과 평화를 유지하고 재충전해야 한다.

반면 칭찬과 격려의 말, 사랑의 고백은 호흡을 여유롭게 만드는데 그런 말을 들은 사람은 몸과 마음이 밝고 건강하며 호흡과 기운이 자유로워져 매사에 당당하고 자존감도 높아진다. 또한 운동, 특히 유산소 운동을 하면 육체의 건강뿐만 아니라 영혼의 건강에도 도움이 되는데 강건한 호흡을 위해서 꾸준한 운동은 매우 중요하다.

> 곧 창세 전에 그리스도 안에서 우리를 택하사 우리로 사랑 안에서 그 앞에 거룩하고 흠이 없게 하시려고 / 엡 1:4

llllllllllllll 심령을 강건하게 하는 부르짖는 기도

▇▇ 부르짖는 기도는 인생을 역전시킨다

> 여호와여 나의 대적이 어찌 그리 많은지요 일어나 나를 치는 자가 많으니이다… 내가 나의 목소리로 여호와께 부르짖으니 그의 성산에서 응답하시는도다 (셀라) 내가 누워 자고 깨었으니 여호와께서 나를 붙드심이로다 천만인이 나를 에워싸 진 친다 하여도 나는 두려워하지 아니하리이다 / 시 3:1, 4-6

시편 3편은 다윗이 사랑하는 아들 압살롬이 쿠데타를 일으켜 자신을 치기 위해 진군할 때 도피생활을 하며 지은 시다. 절체절명의 상황 속에서 다윗은 밤새 부르짖으며 기도했을 것이다. 그리고 마침내 자신 안의 두려움을 극복한 다윗은 눈부신 아침 해를 바라보며 믿음의 고백을 하게 된다. "천만의 적군이 나를 치기 위해 에워싸 진 친다 하여도 나는 결코 두려워하지 않을 것이다!"

영혼이 깨어있지 않을 때 우리는 하나님을 쉽게 잊어버리고 사소한 일에도 근심하며 하나님을 바라보지 못한다. 그러나 부르짖어 기도할 때 우리의 영혼은 깨어나게 되며 두려움과 죄 그리고 어두움에서 벗어나게 된다. 다윗이 부르짖어 기도했을 때 두려움을 극복하게 되었고, 자신의 운명을 바꿀 수 있는 놀라운 영적 파워가 하늘에서 다운로드 되었던 것이다.

성경에 나오는 성도들은 대부분 소리를 높여 열정적으로 기도를 드렸다. '부르짖는다', 또는 '소리 내어 기도한다'는 뜻의 단어들이 나오는 구절 뒤에는 대부분 '응답하겠다'는 놀라운 약속의 말씀이 마치 세트처럼 따라오는 것을 볼 수 있다.

> 너는 내게 부르짖으라 내가 네게 응답하겠고 네가 알지 못하는
> 크고 은밀한 일을 네게 보이리라 / 렘 33:3

환난 날에 나를 부르라 내가 너를 건지리니 네가 나를 영화롭게
하리로다 / 시 50:15

이 성경구절들을 보면 하나같이 부르짖는 순간이 일대 전환점
이 되어 하나님께서 반전의 역사를 이루시는 것을 볼 수 있다. 이렇
게 자신의 문제와 마음의 짐을 부르짖어 기도함으로 하나님께 맡기
는 사람은 문제와 상황이 가져다주는 근심과 염려, 두려움을 극복
할 수 있게 된다. 그럴 때 세상 모든 사람들은 두려워할지라도 그는
두려워하지 않는다. 그러나 하나님께 부르짖지 않는 사람은 원망하
고 불평하며 자신의 상황과 문제 속에 갇히게 된다.

▬▬ 소리에는 영적인 메시지가 담겨 있다

부르짖는 기도에는 수준과 차원이 있다. 간혹 새벽기도회나 철
야기도회에서 기도할 때 매우 거칠고 요란하여 거부감을 주는 기도
소리를 들을 경우가 있다. 때로는 섬뜩할 때도 있다. 그래서인지 예
배당에서 큰 소리로 기도하는 것을 금하는 교회도 있다. 그것은 그
사람 안에 있던 어두운 기운이 흘러나오기 때문에 듣기 거북해져서
다른 사람의 기도를 방해하기 때문일 것이다.

반면 훈련되고 내면이 정화된 사람의 부르짖는 기도소리는 아무
리 큰 소리라 할지라도 듣는 이들에게 감동과 은혜를 주는데, 그것
은 그 사람의 기도 가운데 하늘의 영광이 임하며 권능과 생명력이

충만하게 흘러나오기 때문이다.

사실 누구나 처음부터 완전한 기도를 드릴 수는 없다. 비록 거북한 기도소리를 들을 때라도 정죄하지 않고 그 영혼을 위해 중보하는 마음이 중요하다. 자신의 목소리가 거칠고 요란하게 나와서 다른 사람의 기도에 방해가 된다면 절제해야 한다. 그럴 때는 침묵기도나 조용히 찬양을 부르는 것도 좋다.

부르짖는 기도에 대해 의구심을 가지는 사람들은 이렇게 질문한다. "하나님께서는 우리의 신음소리도 다 들으시는데 왜 굳이 큰 소리로 기도해야 합니까?" 사실 하나님은 우리의 모든 기도를 다 들으신다. 하나님이 귀가 어두워서 우리에게 부르짖어 기도하라고 하신 것이 아니라 부르짖는 기도가 나 자신과 하나님 사이에 영적으로 막힌 담을 파쇄하고 우리의 영을 강건하게 하며 하늘의 문을 열어 놀라운 하나님의 영광과 축복을 부어 주기 때문이다.

소리는 우리 영혼에 영적인 역사를 일으키는 매개체다. 하나님의 사랑으로 충만하고 정결한 사람의 목소리는 윤택하고 청아하며, 영적 파워가 있는 사람은 목소리가 힘차고 중량감이 있다. 이런 사람들은 목소리만 들어도 행복해지고 덩달아 치유와 회복이 일어난다. 이런 사람들이 설교를 하거나 찬양을 인도하면 회중에게 놀라운 하나님의 생명력이 전달된다.

의사의 말에 따르면, 소리를 내거나 특히 큰 소리로 노래 부를 때 자율신경이 활성화되는 세로토닌 효과가 있다고 한다. 세로토닌이란 뇌의 신경 전달물질로서 집중력과 기억력을 향상시켜 소위 '공부물질'이라고도 한다. 그리고 행복한 기운을 느끼게 해 주는 '행복과 평화의 전달물질'이라고도 불리며, 비만과 우울증 치료에도 효과가 있다고 한다.

정신과 의사 김병수 교수에 따르면 "신경증적 성향은 세로토닌 결핍과 유관하며 세로토닌 결핍시 공격성이 증가한다"고 하는데 부르짖는 기도가 치유에 도움이 되는 이유가 여기에 있다.

같은 하나님을 믿어도 이지적인 사람은 말씀에 대한 통찰력과 묵상의 깊이가 있다. 그런데 이런 사람들은 대체로 영이 약할 수 있는데 영이 약하면 쉽게 공격받고 사역에서 능력을 발휘하기도 어렵다. 우리의 지성은 영성으로 전달되어야 듣는 이의 영적 변화를 일으킬 수 있기 때문이다.

또한 이지적이고 섬세하며 성품도 좋으신 목사님들이 자주 아프신 것을 볼 수 있다. 영적 상태가 안 좋은 사람들을 상담하고 과로에 지친 사역자의 내면에 안 좋은 기운들이 들어오게 되는데 토설하지 못하고 계속 쌓이다 보면 결국 육신의 병까지 얻게 되는 것이다.

내 심령이 약하면 휘둘리게 되지만 심령이 강건하면 상대방의 악을 제압할 수 있다. 그럼으로써 상대방의 악과 강퍅함은 결박되고 상대방 안에 숨겨졌던 선과 부드러움이 나타나게 된다.

본인이 영적으로 약해서 끊임없이 가족과 주위 사람에게 휘둘림을 당하는 것인데 자신을 무시한다고 상대방만 원망하고 억울해하는 사람이 있다. 이는 영적 원리를 모르고 하는 말이다.

이제 집에서 가족과 싸우지 말고 또 직장에서 동료들과 신경전도 그만하고 교회에 나와 부르짖는 기도를 하기 바란다. 이 기도를 통해서 내 안에 쌓여 있는 부정적인 모든 것을 토설하고 또 하나님의 권능을 다운로드 받아 강건해지면 나로 인해 가정의 평화를 이룰 수 있게 되고 직장에서 당당하게 일할 수 있게 된다.

요즈음 한국의 많은 사회문제와 북한의 위협들, 미국의 총기난사 사건을 비롯한 극심한 범죄들이 기독교가 가장 발전하고 선교사 파송도 가장 많은 한국과 미국에서 일어나고 있다. 한반도의 정치적인 상황과 전미총기협회(National Rifle Association, NRA)의 영향력을 배제할 수 없지만 이런 심각한 상황까지 온 이유는 영적으로 볼 때 교회에 기도가 사라지고 있기 때문이다. 교회가 기도하지 않아 영적으로 약해지니 사악함과 잔인함이 기승을 부려도 영적으로 제압할 힘이 없어 사회와 나라가 힘들어지는 것이다.

내가 기도하여 강건해지면 가정 안의 악이 평정된다. 교회가 기도하면 그 지역이 깨끗해진다. 나라가 기도하면 열방이 거룩해진다. 이것이 기도의 원리요 부르짖는 기도의 능력이다.

■■■■ 부르짖는 기도를 하면 치유된다

우리는 살면서 많은 스트레스를 받고 예기치 않은 어려움을 통해 상처와 고통을 겪는다. 세상 사람들은 그럴 때 술잔을 기울이며 자신의 마음을 토해 내고 노래방에서 큰 소리로 노래하면서 스트레스를 발산하기도 한다. 그런데 정작 우리 크리스천들은 어떤가? 해소하지 못하고 마음속에 스트레스와 두려움과 염려, 부정적인 감정들을 그대로 쌓아 둔다. 억울해도 말도 못하고, 싫어도 싫다고 말하지 못하며 점점 속이 썩으니 그야말로 회칠한 무덤처럼 되어가는 것이다.

부르짖는 기도는 토설기도다. 스트레스와 상처와 고통, 그리고 근심과 염려를 통해 들어온 나쁜 기운들을 토해 내어 눌린 영혼과 병든 몸을 살리는 치유기도인 것이다.

우리나라는 한(恨)의 문화를 가지고 있다. 한의 사전적 의미는 '억울하고 원통한 마음이 풀어지지 않고 응어리짐'인데 이것은 기독교의 가르침과 반대되는 것이다. 기독교에서는 예수 그리스도의 십자가의 은혜로 우리의 모든 죄를 사함 받았기에 한을 품지 말고 다른 사람들을 용서하라고 한다. 일흔 번에 일곱 번이라도 용서해야 하는 이유는 우리를 살리시려는 하나님의 심오한 사랑 때문이다.

한을 품고 살아가는 사람은 독을 조금씩 마시며 사는 것과 같다. 미량의 독이라도 계속 섭취하면 죽음에 이른다. 한의 문화에서는 민요 〈아리랑〉에서처럼 나에게 상처 준 사람이 '십리도 못 가서 발병 나'도록 저주하는 응어리진 마음을 풀지 않는다.

개인의 기질과 성격에 따라 다소 차이는 있지만 한과 같은 마음의 응어리, 부정적인 기운들이 내면에 쌓이면 주님의 빛 가운데로 들어가는 것을 방해한다. 이것들을 방치하면 마음의 쓴 뿌리를 통해서 우울증, 치매, 공황장애, 암, 심혈관 계통의 질병이 생기는 것이다.

그러므로 우리가 건강하고 행복하게 살기 위해서는 이런 부정적이고 어두운 기운들을 토설해서 내보내고 용서를 습관화하는 태도를 가져야 한다. 그럴 때 마음의 쓴 뿌리와 상처가 치유되고 회복될 수 있다.

부르짖는 기도는 영적 전쟁에 효과적인데 이것은 소리의 영적 원리와 깊은 연관이 있기 때문이다. 소리에 의해서 여리고성이 무너졌다는 것은 중대한 영적 의미를 시사한다. 여리고성 전투에서 이스라엘 백성은 그저 성을 일곱 바퀴 돌고 소리만 질렀을 뿐이었다. 이것은 부르짖는 기도소리가 하나님의 역사를 일으키는 중요한 통로라는 것을 말해 준다.

침묵기도가 하나님의 음성을 듣거나 내적인 성찰을 하는 데 효과적이라면 부르짖는 기도처럼 소리를 내어 하는 발성기도는 영혼을 강건하게 하며 영적 전쟁에 탁월하다. 부르짖는 기도는 우리의 기도를 영적인 세계로 쏘아올리는 로켓과도 같아서 문제와 고난으로 근심과 염려 가운데 있을 때, 그리고 주님과의 교제와 기도에 막힘이 있을 때 이 막힘을 파쇄한다. 그리하여 우리의 기도와 간구를 하나님의 보좌까지 도달하게 해 준다.

30여 년 전에 시댁의 도우미로 오시는 순복음교회의 집사님이 계셨다. 나는 이제껏 그렇게 은사가 많은 분은 본 적이 없다. 그분은 늘 출근하면 부엌으로 들어가지 않고 거실에서 예배부터 드리셨는데 그때 지식의 말씀의 은사로 우리의 상황을 말하지 않아도 정확히 아셨고, 그 상황에 맞는 하나님의 말씀을 지혜의 말씀의 은사를 통해서 풀어 내셨다(고전 12:8). 집사님은 초등학교도 제대로 나오지 못하셨는데 그 영적인 통찰력은 실로 놀라웠다. 또한 그분이 손을 대면 치유가 일어나는 것을 나는 여러 번 목격했다.

그런데 집사님의 기도를 자세히 관찰해 보니 매일 3시간 정도 기도했고, 대부분 발성기도나 부르짖는 기도를 해서 목소리가 걸걸하셨다. 집사님이 그렇게 기도의 삶을 살게 된 이유를 그녀의 인생 스토리를 통해 알게 되었다.

그녀는 남해 오지에서 태어났다. 제대로 교육을 받지 못한 데다 아버지에게 학대까지 당해 상처도 많았다. 상경해서 일을 하면서 한 청년을 만나 이제는 행복한 삶을 사나 싶었는데 남편의 외도로 힘든 시간을 보내게 된다. 하나님의 말씀에 순종하려니 이혼도 할 수 없고 아이들이 아버지 없이 사는 것을 보니 안타까운 마음에 급기야는 외도하는 여자와 함께 남편을 불러들였다. 그리고 아침에 정성껏 두 사람의 식사를 차려 주고 도우미 일을 하러 나갔다.

마음속에 깊은 슬픔과 고통을 가지고 있었던 그녀는 하나님께 나와 부르짖기 시작했다. 그리고 부르짖는 기도를 통해 마음의 고통은 토설되었고 하나님의 위로와 사랑으로 회복되었다. 부르짖는 기도를 통해 믿음의 용사가 된 그녀에게 하나님의 은사가 임하니 하나님의 구원과 치유의 도구가 되어 주님께 영광을 드리는 삶을 살게 된 것이다.

▬▬ 부르짖는 기도에는 능력이 있다

배에 힘을 주고 목소리를 낮추면 자연스럽게 배에서 나는 기도 소리가 되고, 애절한 마음을 담아 가슴에 힘을 주어 기도하면 목소리는 가늘고 높아지게 된다. 이것은 성악의 원리와도 비슷한데 배를 사용하여 기도하면 영혼의 강건함과 담대함이 생겨 영적 전쟁에 능하게 해 주고, 가슴을 사용하여 기도하면 영이 맑아지고 섬세하고 부드러워져서 내적인 정화작용을 일으킨다.

특히 마음이 유약하고 두려움이 많은 사람들이 낮은 소리로 부르짖는 기도를 하게 되면 정서가 강건해지므로 두려움이 사라지고,

심각하고 강퍅하던 성격도 여유롭고 낙관적인 성품으로 변화되어 간다. 그러나 원래 성격이 강한 사람들, 다혈질이나 담즙질의 사람들이 부르짖는 기도를 너무 많이 하다 보면 오히려 더 강퍅해지고 주님의 사랑을 느끼지 못할 경우가 있는데 그럴 때는 가슴으로 소리를 내면서 기도하면 좋다.

악한 영들은 소리를 싫어한다. 특히 그리스도인들의 우렁찬 찬양소리, 부르짖는 기도와 선포의 외침은 악한 영을 파쇄시키고 큰 소리로 방언 기도할 때 그들은 비명을 지르며 떠나갈 수밖에 없기 때문이다. 100여 년 전 평양의 부흥을 주도했던 장대현교회에서 시작된 새벽기도회와 통성기도는 한국 기독교의 위대한 유산이며 한국교회의 부흥과 축복을 가져다준 일등공신이라고 할 수 있는데, 애석하게도 한국교회의 통성기도도 새벽기도의 열기도 점점 사라지고 있다.

조용한 교회들은 유럽에 많다. 기도소리가 사라지니 교회의 영향력도 줄게 되고 남아있는 교회 건물들이 관광객을 위한 명소나 호텔, 클럽, 심지어 이교도의 예배당으로 매각되기도 한다. 일본교회 역시 너무나 조용하다 못해 싸늘할 정도다. 국민성이 조용한 탓도 있지만 소리 내어 기도하지 않기 때문이다. 오죽하면 예배시간에 바늘 떨어지는 소리까지도 들린다는 말이 있을까? 그러나 하나님의 영이 임하면 마음이 뜨거워져서 조용히 있기란 어렵다.

성령 강림의 역사가 일어난 초대교회의 가장 큰 외적인 특징은 소리였다. 120문도가 예수님이 승천하신 후 마음을 합하여 기도했을 때 성령의 강림이 있었다. 그러자 그곳은 더 이상 조용하지 못했다. 하나님의 역사가 있는 곳은 찬양과 방언과 놀라운 기적과 전도의 역사들이 일어나서 좀 시끄럽기는 해도 기쁨과 감사가 넘치는 곳이 된다.

6년 전 온누리교회 권사기도학교를 인도할 때의 일이다. 부르짖는 기도에 익숙한 분들이 많지 않았지만 부르짖는 기도를 시도하라는 감동이 있어서 다함께 20분간 쉬지 않고 부르짖는 기도를 한 적이 있다. 한참 기도하다가 눈을 떠보니 그분들에게서 하얀 연기 같은 것이 나가는 것이 보였다. 그 후 매주 30분 정도 부르짖는 기도를 했는데 10주 후에 제출한 권사님들의 간증을 읽고 매우 놀랐다. '방언을 받았다', '20년 전에 받았던 은사가 회복되었다', '오래된 지병이 치유되었다'는 등 놀라운 간증이 쏟아져 나왔다.

이렇듯 강렬한 부르짖음에서 구원과 치유의 역사는 시작된다. 강렬한 외침과 간절한 기도에는 하늘 문이 열리고 하나님의 권능이 임하는 역사가 있기 때문이다.

여호와의 말씀이니라 너희를 향한 나의 생각을 내가 아나니 평
안이요 재앙이 아니니라 너희에게 미래와 희망을 주는 것이니

라 너희가 내게 부르짖으며 내게 와서 기도하면 내가 너희들의
기도를 들을 것이요 너희가 온 마음으로 나를 구하면 나를 찾을
것이요 나를 만나리라 ╱ 렘 29:11-13

‖‖‖‖‖‖‖‖‖‖   ## 모든 것을 이기는 감사기도

아무것도 염려하지 말고 다만 모든 일에 기도와 간구로, 너희 구
할 것을 감사함으로 하나님께 아뢰라 그리하면 모든 지각에 뛰어
난 하나님의 평강이 그리스도 예수 안에서 너희 마음과 생각을 지
키시리라 ╱ 빌 4:6

21세기를 살아가는 우리는 인류 역사상 최고 수준의 삶을 누리
고 있다. 한 세대 전만 해도 상상할 수 없었던 고급스러운 차와 넓
은 집, 놀라운 품질의 물건을 소유할 수 있게 되었다. 스마트폰의
눈부신 발달과 인공지능의 보급화로 예전에는 상상도 하지 못했던
편리함을 누릴 수 있게 되었다.

그러나 이러한 환경의 변화에도 불구하고 사람들의 행복지수는
점점 낮아지고 있고, 우리나라 자살률은 2016년까지 12년간 OECD
35개국 중 1위를 차지했다.

성취지향적인 성향이 강한 우리 국민의 열심으로 전쟁의 폐허 속에서 이 만큼 잘살게 되었지만 그 이면에 우리 모두가 상처받고 고통받으며 살아왔다는 것을 방증해 주는 수치이기도하다. 이는 생활의 편리함과 윤택함이 궁극적으로 우리에게 행복을 줄 수 없다는 것을 증명한다.

캘리포니아 대학의 로버트 에먼스 교수와 마이클 메컬로프 교수는 '감사'가 사람에게 육체적, 정신적으로 어떤 영향을 미치는가를 알아내는 실험을 했다. 자원봉사자들을 세 그룹으로 나누어 일주일간 A그룹은 기분 나쁜 말과 행동에 집중하게 하고, B그룹은 감사를 드러내는 말과 행동에 집중시켰으며, C그룹은 일상적인 말과 행동에 집중하도록 했다.

그 결과 B그룹의 사람들이 행복감을 가장 많이 느꼈고, 자신의 삶을 긍정적으로 바라보게 되었으며, 가족관계도 좋아지고 신앙심 역시 깊어졌다. 심지어 두통이나 감기를 앓은 사람도 없었고 활동지수도 매우 높게 나왔다. 감사하는 태도는 '매일' 연습할 때 더 효과적이라는 결과도 나왔다.

인간의 신체는 감정에 민감하게 반응하기 때문에 감사하면 맥박이 고르게 되고 위장의 활동을 도와 소화력을 증진시키고 면역력을 향상시켜 스트레스 상황에서도 자신을 잘 통제할 수 있게 되어 건강해진다는 것이다. 이렇게 매일 감사의 습관을 가진 사람은 감사하지 않는 사람들보다 10년 더 장수한다고 한다.

이와 반대로 원망과 불평을 쏟아내며 감사하지 못하는 사람들의 마음과 육체는 병들기 쉽고 불행해진다. 감사는 건강과 직결되는데 유난히 잔병치레가 많은 사람은 혹시 감사를 잃어버린 것은 아닌지 자신을 살펴보길 바란다.

'thank'는 고대 영어인 'pancian'에서 유래되었다. 그리고 그 뿌리가 되는 단어인 'panc'는 '생각하다'라는 뜻을 가진 'think'의 어원이다. 이것은 무엇을 의미하는가? 내가 감사하는 삶을 살고 있다는 것은 어느 날 갑자기 하루아침에 이루어지는 게 아니다. 감사는 의식적으로 생각해야 하고 끊임없이 훈련해야 가능한 것임을 알 수 있다.

탈무드에는 "혓바닥에게 '감사합니다!'라는 말을 길들이기 전엔 아무 말도 하지 말라!"는 가르침이 있다. 그렇다면 우리가 감사하는 삶을 살지 못하게 방해하는 것들은 무엇인지 살펴보자.

■■■ **욕심**

> 욕심이 잉태한즉 죄를 낳고 죄가 장성한즉 사망을 낳느니라
>
> / 약 1:15

죄와 죽음의 근원은 모두 욕심이다. 욕심과 감사는 공존할 수 없다. 왜냐하면 욕심은 사탄의 속성이고 감사는 하나님께 속한 것이기 때문이다. 이렇듯 하나님의 은혜를 한순간에 불평으로 바꾸어 놓는 것이 바로 욕심이다.

불평의 입을 가지게 되면 만날 불평을 쏟아 놓게 되는데 문제는 본인만 불행하게 만드는 것이 아니라 주위 사람들까지 불행하게 한다는 것이다. 반대로 감사의 습관에 길들여지면 보는 것마다 감사의 조건이 되고, 입을 열면 감사가 샘솟듯 터져나와 해피 바이러스를 사방에 퍼트리게 된다. 아마도 감사가 행복해지는 연습이라면 불평은 불행해지는 연습일 것이다.

> 그러나 자족하는 마음이 있으면 경건은 큰 이익이 되느니라
>
> / 딤전 6:6

자족하지 못하는 사람에게 경건훈련, 신앙훈련은 별 의미가 없다. 그러므로 욕심부터 버려야 신앙이 자란다.

일본에서 대학에 다닐 때 유명한 교수님의 부인이 차도(茶道)를 가르쳐 주셔서 그 댁에 배우러 다닌 적이 있다. 그런데 그 부인은 자신의 집에 있는 10년 된 냉장고를 아주 자랑스럽게 여기며 소중하게 사용했다. 그 모습이 퍽 인상적이었다. 그런데 나중에 교수님 부부가 자산가라는 이야기를 듣게 되었다. 검소한 습관이 일본을 경제대국으로 만든 원동력이 아닌가 하는 생각마저 들었다.

출애굽한 이스라엘 민족은 40년을 광야에서 방황했다. 사실 하나님께서 약속하신 가나안 땅까지는 불과 11일이 걸리는 거리였다. 그들 대다수는 약속의 땅을 밟지 못하고 광야에서 죽었는데 그 이유는 불평불만하는 태도 때문이었다. 불평은 우리가 가진 모든 축복을 보지 못하게 만든다. 불평에 해당하는 영어 'Complain'의 어원은 '머물다'다. 이처럼 불평은 나의 인생을 가둘 뿐만 아니라 우리 가정과 사회, 국가가 전진하는 것을 방해한다.

당신 안에 불평, 원망, 짜증이 많은가? 그렇다면 당신의 광야생활은 길어질 것이다. 상황과 문제에 관계없이 당신의 입에서 감사가 나오기 시작할 때 당신은 약속의 땅, 가나안에 들어갈 준비가 된 것이다.

■■■ 비교의식

비교의식은 어떤 의미에서 욕심의 또 다른 얼굴이기도 하다. 상대방과 자신을 끊임없이 비교하면서 우월감으로 교만해지거나 열등감에 사로잡혀 자기비하에 함몰되기 때문이다. 비교의식은 우리를 늘 상대적 빈곤감에 빠지게 한다.

오래전 보았던 영화 〈아마데우스〉는 비교의식이 한 사람의 인생을 얼마나 비참하게 만드는지 잘 묘사한 영화다. 살리에리는 당대 최고의 음악가로 모차르트가 나타나기 전까지는 많은 사람들의 존경과 사랑을 한몸에 받았던 인물이다.

그를 화나게 한 것은, 밤잠을 설쳐가며 힘들여 작곡한 자신의 곡은 사람들이 기억도 못하는데 여자들과 어울려 놀면서 자투리 시간에 취미 삼아 작곡하는 모차르트의 음악은 불후의 명작이 되는 것이었다. 그를 더욱 비참하게 한 것은 자신에게 모차르트의 천재성을 꿰뚫어보는 안목이 있었다는 것이다.

그는 하나님께 절규하며 말한다. "왜 저에게는 천재성을 알아보는 능력만 주시고 모차르트와 같이 천재적인 작곡 능력은 주시지 않는 것입니까?"

결국 비교의식과 열등감은 살리에리의 인생을 파멸로 치닫게 한다. 이렇게 사탄은 끊임없는 비교를 통해 우리를 시기와 질투심의 노예로 전락시켜 인생을 비참하게 만든다.

대학 다닐 때 한·일·영 속담 비교 리포트를 쓴 적이 있다. 그때 알게 된 것은 어느 나라나 표현은 조금씩 달라도 내용이 비슷한 속담이 있다는 것이었다. 그런데 한국에만 있고 일본과 영어권에는 없는 속담이 있었는데 그것이 바로 "사촌이 땅을 사면 배가 아프다"이다.

시기와 질투란 비교의식에서 나오며 지금 이것 때문에 한국사회가 병들고 있다. 악플과 비방, 남이 잘되는 꼴을 보지 못하는 시기와 질투는 우리 민족 안에 그만큼 상처가 많다는 것을 방증하기도 한다.

비교하는 사람의 시선은 장미꽃의 아름다움보다는 거기에 있는 작은 가시에 머문다. 2% 부족한 것에 안달하며 사는 것이다. 우리는 비교의식에 사로잡힐 때마다 천국 시민으로서의 정체성을 돌아볼 필요가 있다. 하나님 아버지께서 사랑하는 자녀인 나에게 말씀하시는 음성을 매일같이 들으며 살아야 한다.

> 너의 하나님 여호와가 너의 가운데에 계시니 그는 구원을 베푸실 전능자이시라 그가 너로 말미암아 기쁨을 이기지 못하시며 너를 잠잠히 사랑하시며 너로 말미암아 즐거이 부르며 기뻐하시리라 하리라 ╱ 습 3:17

▰▰ 염려

> 너희 염려를 다 주께 맡기라 이는 그가 너희를 돌보심이라 근신
> 하라 깨어라 너희 대적 마귀가 우는 사자 같이 두루 다니며 삼
> 킬 자를 찾나니 / 벧전 5:7-8

우리가 염려하는 문제 중 현실에 드러난 것은 10%뿐이고 나머지 90%는 생각해도 부질없는 과거의 일이거나 아직 일어나지도 않은 미래의 일이라고 한다. 염려, 근심, 두려움이 많은 사람들은 사탄의 표적이 된다. 그러므로 우리 안의 영적 습관을 점검해야 한다. 감사도 습관이고 염려와 불평도 영적 습관이기 때문이다.

말은 우리 마음의 태도를 드러낸다. 만약 마음에 감사가 없다면 그 영혼은 병들어 있는 것이다. 우리가 진정으로 하나님을 신뢰한다면 불평하지 않고, 우리 삶 속에 역사하고 계시는 하나님께 소리내어 감사하게 될 것이다.

진정한 감사는 무조건적인 감사에서 시작된다. 건강하게 살고 싶다면, 인생을 행복하게 살고 싶다면 감사하라! 감사의 습관이 들 때까지 매일 모든 일에 감사를 선포하라. 우리가 감사의 삶을 살아갈 때 하늘문이 열리며 치유와 회복이 내 안에 그리고 가정 안에 일어날 것이다.

감사하는 삶만이 모든 것을 이기게 해준다! 물을 마실 때도 감사하라. 걸으면서도 감사하라. 숨을 쉬면서도 감사하라. 항상 감사하라! 쉬지 말고 감사하라! 범사에 감사하라!

> 항상 기뻐하라 쉬지 말고 기도하라 범사에 감사하라 이것이 그리스도 예수 안에서 너희를 향하신 하나님의 뜻이니라
>
> ╱ 살전 5:16-18

우리가 사는 도시를 둘러보면 수많은 십자가가 눈에 띈다. 그것은 하나님이 이 세상을 얼마나 사랑하시는지를 보여 주는 듯하다. 그 십자가를 바라볼 때마다 "내가 너를 용서한다! 내가 너와 함께 있다!"라는 메시지를 기억하라는 의미가 아닐까?

십자가는 힐링의 대명사다. 하나님은 우리에게 그 깊이와 너비를 가늠할 수 없는 사랑을 베푸사 우리의 가난과 질병과 죽음과 상처와 저주를 예수 그리스도가 친히 짊어지게 하셨다. 그 결과 우리는 하나님의 부요와 축복과 치유 그리고 새 생명의 수혜자가 된 것이다.

우리가 힘들고 아프고 고통스러울 때마다 이 십자가를 바라보고 꼭 붙들어야 할 이유가 여기에 있다. 그분의 보혈로 상처를 싸매고 그분의 지혜로 내면의 문제를 성찰해 나갈 때 우리는 매일같이 놀라운 힐링을 체험할 수 있다. 하나님은 이렇게 회복된 영혼에게 부어지는 성령의 권능을 통해 우리가 하나님의 영광을 보는 자리까지 나아가기를 원하신다.

또한 자신의 내면을 매일같이 하나님의 말씀으로 채우고 자신의 기질에 맞는 기도법을 통해 영혼을 가꿔나갈 때 단점 많은 우리의 성격이 변화되어 강건하고 아름다운 주님의 형상을 닮아가게 될 것이다.

하나님의 선하심과 아름다우심을 매일같이 찬양하라! 무엇보다 하나님께서 자녀인 우리를 고아와 같이 내버려두지 않으시고 항상 그리고 영원히 우리와 함께하신다는 사실을 인식하라. 그럴 때 우리의 크고 작은 상처가 그분의 변함없는 사랑으로 치유되어 갈 것이다.

내 평생에 선하심과 한결같은 사랑이 진실로 나와 함께하실 테니
내가 여호와의 집에서 영원히 살 것입니다 / 시 23:6, 우리말성경

주석

/chapter 3 거절의 상처 치유

1) 《예수는 누구인가》, 존 오트버그, 두란노
2) 《거절의 상처를 치유하시는 하나님》, 데릭 프린스, 순전한나드
3) 《예수는 누구인가》, 존 오트버그, 두란노

/chapter 4 부정적 감정의 치유

4)~7) 《내면아이의 상처 치유하기》, 마거릿 폴, 소울메이트

/chapter 5 원가족 치유

8) 조세핀 킴의 강연 내용
9) 《아버지 치유》, 예영수, 안태길, 박상신, 김종주 공저,
    크리스천치유영성연구원

/chapter 6 억압된 기억의 치유

10)~11) 《억압된 기억의 치유》, 데이빗 A. 씨맨즈, 죠이선교회

/chapter 8 마음의 병 치유

12) 《거의 완벽한 범죄》, 프란시스 맥너트 크리스천치유영성연구원
13)~14) 《저희가 내 이름으로 귀신을 쫓아내며 I, II》, 데릭 프린스, 복의근원

/chapter 9 신비력 속박장애 치유

15)~16) 《사탄의 전술전략》(개정판), 쿠르트 E. 코흐, 예루살렘

/chapter 11 힐링기도

17) 《평생 감사》, 전광, 생명의말씀사

참고도서

《가짜 감정》, 김용태, 덴스토리

《감사의 힘》, 데보라 노빌, 위즈덤하우스

《감정에 휘둘리는 아이 감정을 다스리는 아이》, 함규정, 청림출판

《거의 완벽한 범죄》, 프란시스 맥너트, 순전한나드

《거절의 상처를 치유하시는 하나님》, 데릭 프린스, 순전한나드

《공감》, 김현옥, 비전과리더십

《관계를 위한 묵상》, 존 비비어, NCD

《광야를 읽다》, 이진희, 두란노

《권능의 통로》, 프랭크 루박, 규장

《기도 숨》, 데이비드 베너, 두란노

《기도의 비결》, 워치만 니, 한국복음서원

《기질과 자녀교육》, 베블리 라헤이, 생명의말씀사

《내 아이를 위한 사랑의 기술》, 존 가트맨, 한국경제신문사

《내가 생명과 사망과 복과 저주를 네 앞에 두었은즉》, 데릭 프린스, 복의근원

《내가 틀렸었다》, 짐 베커, 지혜의일곱기둥

《내면아이의 상처 치유하기》, 마거릿 폴, 소울메이트

《네 신을 벗으라》, 로렌 커닝햄, 예수전도단

《당신의 생각, 바꿔야 바뀐다》, 데이비드 홀든, 예수전도단

《두 시간의 내적치유 기적》, 찰스 크래프트, 베다니출판사

《두려움》, 존 비비어, 미션월드라이브러리

《말을 바꾸면 삶이 바뀐다》, 조이스 마이어, 두란노

《부르짖는 기도》, 빌 가써드, 생명의말씀사

《비상하는 기도》, 테드 해거드, 토기장이

《사랑한다면 강하게 키워라》, 김재헌, 올림

《사탄의 전술전략》, 쿠르트 E. 코흐, 예루살렘

《상처 입은 치유자》, 헨리 나우웬, 두란노

《상한 감정과 억압된 기억의 치유》, 데이빗 A. 씨맨즈, 죠이선교회

《성격 아는 만큼 자유로워진다》, 이무석, 두란노

《순례자의 길》, 무명의 순례자, 은성

《심령이 악한 자의 승리하는 삶》, 정원, 영성의숲

《아버지 치유》, 예영수, 안태길, 박상신, 김종주 공저, 크리스천치유영성연구원

《영적 구원치료》, 쿠르트 코흐, 크리스천치유영성연구원

《예수는 누구인가》, 존 오트버그, 두란노

《용서의 기술》, 루이스 스머즈, 규장

《우울증인 사람이 더 강해질 수 있다》, 노구치 다카시, 전나무숲

《임재》, 존 비비어 · 리사 비비어, 터치북스

《저희가 내 이름으로 귀신을 쫓아내며 Ⅰ, Ⅱ》, 데릭 프린스, 복의근원

《좌절된 꿈의 치유》, 데이비드 A 씨맨즈, 두란노

《중독의 성경적 이해》, 에드워드 웰치, 국제제자훈련원

《철인》, 다니엘 김, 규장

《평생 감사》, 전광, 생명의말씀사

《피난처》, 코리 텐 붐, 보이스사

《하나님의 뜻》, 제럴드 L 싯처, 한국성서유니온선교회

《하늘의 권능이 임하는 부르짖는 기도 Ⅰ, Ⅱ》, 정원, 영성의숲

《해방》, 페리 노블, 두란노